たった15分で儲かる会社に変わる!

ぐるぐるフセン会議の魔法

社会保険労務士
組織活性化コンサルタント
牧野 剛

ぱる出版

はじめに

　今、世界中が未曽有の経済危機に襲われています。その原因はいうまでもなく新型コロナウイルス（以下コロナ）であり、コロナがもたらす惨状は、リーマンショックを超えるとも、世界大恐慌以来の危機ともいわれています。コロナは社会の経済活動に欠かせない「ヒト・モノ・カネ」の流れを国際規模で阻害しており、その悪影響は今後も長引くことが予想されています。

　経済が悪化するだけではなく、コロナで社会は大きく変わりました。人の集まる施設や飲食店などでは、密閉・密集・密接の「3密」を避けるために客席数を減らし、1平米あたりの売上が落ちる、オフィスでは、リモートワークが進んで人の移動パターンが変化する、支払いの際には、現金に触れずに済むようキャッシュレス化が進むといったように、これまでにないほど急激に社会は変化しています。

コロナによって消費が落ち込み、中小企業の多くは収益が減ったうえに、こうした大きな変化にさらされて苦しい状況に立たされています。私自身も社労士として、また一経営者として今の日本のこの大変な状況を肌で感じています。

しかし実は、こういった過酷な状況下でも、好調を維持している会社はたくさんあるのです。私が社労士として顧問を務めている会社にも、コロナの悪影響を受けるどころか、業績を伸ばしている会社があります。それらの会社は、業種も問いませんし、どの会社もごく普通の中小企業です。特殊な商品を売っていたり、日本で唯一のサービスを独占的に扱っている、といったものすごい強みを持っているこどもありません。

ただ、コロナショックでも業績を伸ばしている顧問先には3つの共通点があります。それは、

・粗利重視（売上ではないところがポイントです。理由はのちほどご説明します）
・お客さまの声をきちんと聞いている

・社長1人で戦わず社員を巻き込めている

というものです。

逆にいうと、これら3点さえ実行できるようになれば、どんな会社も儲《もう》かる会社・生き残れる会社に生まれ変わることができるのです。そのために社長が「今」やるべきことは、社員の意識改革です。とにかく社員を育て、仕事の枠組みを見直さないと雇用を守ることはできません。

今、日本及び世界の経済は、史上最大の危機的状況です。ですが、この最大のピンチの時期にきちんと社員を育てておけば、業績の回復もズバ抜けて早まります。だからこそ、会社が生き残るために今、社員を育てることが大切なのです。

今のコロナの状況をふまえ、社員には、

・「今は戦後最大の経済危機」という認識
・「時代が変化した」という認識
・「粗利益が大事」という認識

・「主体性、リーダーシップが自分たちにも必要なのだ」という認識
・「自分たち個々のスキルを具体的に伸ばすことも重要」という認識を持ってもらいましょう。

そして、これらの認識をすべての社員に持ってもらえるようになるのが、本書でご紹介する「ぐるぐるフセン会議」なのです。

「ぐるぐるフセン会議」の最大の特徴は、簡単に言ってしまうと「儲かる会社に短時間で変わる」ことです。

しかも、そのやり方は非常にカンタンです。なぜそんなに早く会社が儲かるようになるかというと、「いかにして儲けるか」に徹底的にこだわったメソッドだからです。

「ぐるぐるフセン会議」を始めると、社員は「儲け」の発想に基づいてゲーム感覚で仕事に取り組むことができるようになります。「フセン」を使って楽しく意見を出し合い、アイデアを実行に移していくうちに意識と行動が変わり始めます。具体的には、考え方が「儲け発想」に変わる、やる気が出る、個人の営業ス

キルが伸びる、チームワークが良くなるといった具合です。

「ぐるぐるフセン会議」は会議でもあり、会社を儲け体質に変えるためのトレーニングでもあります。この会議を毎週「ぐるぐる」と繰り返していくことによって、会社は活性化します。活性化すると、信じられないほど大きな力が生み出されます。これは本当のことです。たとえば、私が顧問を務め、「ぐるぐるフセン会議」を導入した企業では次のような結果が出ています。

・毎月160万円ぐらいの赤字を出していた企業が、たった6カ月で赤字を解消して黒字決算に（従業員数約10名）
・毎月1000万円ぐらいの赤字を出していた企業が、3カ月で毎月1000万円超の黒字に（従業員数約100名）
・直前まで売却を考えていた月80万円ぐらいの赤字を出していた企業が、4カ月で単月黒字に（従業員数約10名）

なぜこうも多くの会社で成果を出しているかというと、各社の社長さんと社員全員が、「儲けるやり方」を知ったからなのです。正しいやり方がわからないまま頑張っていても、努力はムダになってしまいますので、業績を上げるために何より大事なのは、正しいやり方を知ることです。今は儲かっていない会社の社長さんも、「ぐるぐるフセン会議」で「儲けるやり方」を正しく知って実行に移せば、ここにご紹介したような結果が出せるのです。

「ぐるぐるフセン会議」を通じて社長以下のみんなが正しいやり方を知り、意識が変わると、会社は勢いよく生まれ変わり始めます。たとえば、それまで年に1～2件しか新規受注できていなかった会社でも、毎月3～4件を受注するのが当たり前になります。社員数が5名の会社なら、これだけで3カ月で粗利が数百万円もアップするので、先ほどご紹介したような黒字になります。

また大切なのは、会社が儲かり出すと、社長さんは「本来の仕事」ができるようになるということです。社長の一番の仕事とは、戦略の「決定」と「実行」であり、そのためには落ち着いてじっくり考える時間が必要です。ところが、中小企業の社長は1人で何役もこなさなければいけないのでとても大変です。営業も接客も実務も……とやっていると、目の前の仕事に追い立てられてしまい、工夫したり判断したりするための時間や体力はなかなか残らないのが実情です。

ですが「ぐるぐるフセン会議」を社員教育に取り入れると、社員が自発的に行動して儲けを出せるようになるので、社長さんにも余裕が生まれます。戦略の「決定」と「実行」という、社長本来の仕事に打ち込むための時間が取れるようになるのです。

「ぐるぐるフセン会議」を始めると、社員は儲けを意識して自分の意志で働き始め、社長さんは本来の自分の仕事に打ち込めるようになるので、会社は根底から変わります。その場しのぎで借入を増やすといった資金対策をするのではなく、会社が根本から黒字化するためには、社長と社員が、このようにそれぞれの仕事に全力を尽くせるようになることが不可欠なのです。

コロナによる影響は、本当に深刻ですが、しかし会社を変えるためには大きなチャンスともいえます。なぜなら、私たちは基本的に現状維持が大好きで変化を嫌います。うまくいっているときはそれでいいのですが、この激動の時代に変わらずにいると、社会に取り残されてしまいます。行動が必要となるこのピンチのときこそ、変革のチャンスなのです。ピンチのときしか人は変われません。そしてピンチのときしか会社は変わりません。

私の事務所に相談にいらっしゃる社長さん方は、最初は皆さん思いつめた表情をされています。ですが思い切って私の提案するこの「ぐるぐるフセン会議」を始め、社員と取り組んでいくうちに、あっという間に笑顔に変わっていきます。

この本を読んでくださっている社長さんには、この時代の大波を活かして、今こそ自分の会社を儲かる会社に変えていただきたいと思います。

15分で
儲かる会社
に変わる!

【ぐるぐるフセン会議の魔法】

もくじ

はじめに 3

第1章

「儲け体質」の会社に生まれ変わる！

1 中小企業存亡の危機！ コロナ後の世界で会社が生き残るには 20
2 自身も苦しんだことから生まれた「ぐるぐるフセン会議」 24
3 「ぐるぐるフセン会議」の仕組み 27
4 「ぐるぐるフセン会議」であなたの会社はこう変わる 30
5 ゴールは会社を〝儲け体質〟に変えてしまうこと 31
6 「働き方改革アワード」を受賞した「ぐるぐるフセン会議」 32
7 「完璧でなくてもOK、でもやり続ける」ことが重要 34
8 ピンチをチャンスに変えて、コロナ後の時代を生き抜こう 37

第2章
「ぐるぐるフセン会議」がすごい6つの理由
特徴①「儲け」ファーストの発想だから 40
特徴②「ぐるぐる」を何度も繰り返すから 42
特徴③フセンを活用するから 45
特徴④ポイントゲット方式だから 49
特徴⑤全員が係を担当するから 52
特徴⑥時間を正確に計るから 54
第3章
「儲かる会社」に変わるカギは「粗利の理解」
1 「まず『粗利』の理解、それから実践」が鉄則 60
2 従業員を大切にするエンゲージメントが高い会社は儲かる 63

3 粗利とは何か。なぜ粗利総額が大切か 65
4 効率的に儲けるために守るべき「作業手順」 69
5 「売価を上げること」の大切さ 71
6 合言葉は「お客さまからも従業員からも選ばれる魅力的な会社を作ろう！」 75
7 社長が示すべきリーダーシップとは 80

第4章

粗利を2倍にする！ 基本戦略の定め方

1 「粗利総額アップ」を意識して「チーム目標額」を決める 86
2 職種別の「基本戦略」を決める 88
3 Aグループにおすすめの基本戦略は「売価上げ」 89
4 Bグループにおすすめの基本戦略は「原価下げ」 94
5 全職種におすすめの基本戦略は「取引先の整理」 97

第5章

「ぐるぐるフセン会議」実践ステップ

1 「ぐるぐるフセン会議」のおおまかな流れ 102

2 【会議1回目】ステップ① 「今週のチーム行動」を決める（KPT基本版） 110

3 【会議1回目】ステップ② 「今週の約束」を宣言する 125

4 【会議1回目】ステップ③ 「スコアボード」を完成させる 129

5 【会議1回目】ステップ④ 第1回会議のシメを行なう 131

6 【行動】ステップ⑤ 実際に行動し、達成度を記録する 132

7 【会議2回目】ステップ⑥ 第2回会議を開催 134

第6章

「ぐるぐるフセン会議」Q&A

Q1 開催サイクルは？ 144

Q2 意見の取りこぼしを防ぐには？ 145
Q3 声掛けのタイミングは？ 146
Q4 タイムキーパーの役割は？ 147
Q5 「ぐるぐるフセン会議」の継続期間は？ 148
Q6 意見を出せない人がいる場合は？ 150
Q7 「スコアボード」をより効果的に活用するには？ 151
Q8 KPTでフセン出しをするときのコツは？ 152
Q9 粗利総額を増やすことの重要さを伝えるには？ 153
Q10 きちんとできなくても大丈夫ですか？ 154
Q11 生産性を上げるためのヒントは？ 155
Q12 続けていくためのポイントと対策は？ 158
Q13 メンバーをうまく褒めるコツは？ 161

第7章

粗利が驚異的に伸びた4社の実例

実例1　住宅用材木メーカー　A社　168

老舗材木店が「粗利意識」を取り入れたら目標額130％達成！

「ぐるぐるフセン会議」で受注率も楽しくアップ

実例2　建築資材メーカー　B社　177

「ぐるぐるフセン会議」を初体験。社員に自信が生まれて営業力も大幅アップ

実例3　税理士事務所　C社　186

みんなのアイデアで「売価上げ」に成功。新人も1人で新規契約を達成！

実例4　機械部品メーカー　D社　196

赤字の工場が、3カ月で単品粗利500％アップ達成！

大成功の秘訣は、儲けの仕組みの理解から

おわりに　204

企画協力▼株式会社天才工場 吉田 浩
編集協力▼長谷川 華
▼渋谷 麻子
カバーデザイン▼EBranch 冨澤 崇
図版作成▼原 一孝
レイアウト▼Bird's Eye

第１章

「儲け体質」の会社に生まれ変わる！

1 中小企業存亡の危機！コロナ後の世界で会社が生き残るには

「コロナ以降、業績が急激に悪化して毎月赤字続きです。このままでは会社が危ないかもしれません。牧野さん、どうにかならないでしょうか」

この悲鳴にも似た言葉は、ある小さな会社の社長さんが私の社労士事務所に駆け込んでいらしたときのものです。お話を伺ってみると、なんと毎月１２０万円もの赤字が続いており、今のところなんとか借金でしのいではいるものの、このままでは会社が倒れるのも時間の問題という状態でした。

私はこれまで社労士として１０００社以上の社長さんの相談を受けてきました。一般に、社労士事務所の仕事は社会保険や労働法に関する手続き代行がメインとされますが、実のところ社労士とは会社のホームドクターのような存在。顧問先の業績が思わしくないときには、本来の元気を取り戻せるようにあらゆる手立てを尽くすのも仕事なのです。

私が社労士として過ごしてきた約30年の間には、いろいろと社会情勢の変化がありました。しかし今ほど社長さん方の状況が切迫していたことはありません。「ヒト・モノ・カネ」の流れを世界規模で阻むコロナの影響で、どこの業界も大打撃を受けています。ＩＭＦ（国際通貨基金）によれば、コロナによる世界経済へのダメージはリーマンショック以上とのこと。アメリカでの失業率はすでにリーマンショック時を抜き去っており、国連のグテーレス事務総長は「第二次世界大戦以来の危機」とすら表現しています。

日本でもこのピンチに多くの中小企業が悲鳴を上げています。しかし本当に恐ろしいのは「アフターコロナ」といわれるコロナ終息後です。なぜなら、それまでは国からの給付金や借金などによってなんとかしのいでいた中小企業も、ついに息切れを起こし始めるからです。

コロナが社会に及ぼす影響はよく「スペインかぜ」に例えられます。スペインかぜとは、第一次世界大戦中の１９１８年に始まったスペインインフルエンザの世界的大流行の俗称で、終息には2年以上を要しており、日本でも第1波から第3波まで合わせて約44万人もの犠牲者が出ました。今回のコロナも第2波、第3波が発生する可能性があり、長期戦になることが危ぶまれています。

日本では、トヨタ、マツダといった大企業が国からそれぞれ1兆円、5000億円といった巨額の緊急融資を受けています。体力のある大企業ですら、このような大変な状況なのですから、中小企業が自力で乗り切るのは至難の業なのは明白です。

それというのも中小企業は工場や店舗、水道光熱費、機械のリース料といった固定費がもともと経営上の大きな負担となっています。その状況で国から休業手当が補助されたとしても、固定費の支払いだけで赤字に転落してしまうケースが多く、社員数が10名規模の会社であれば、10％売上が下がっただけで毎月数百万円の赤字になってしまうところがほとんどなのです。

そんな厳しい状況のなかで、各企業は国や銀行からお金を借りてなんとかやりくりをしていますが、借金が増えることで会社は苦しくなります。たまった借金は粗利益を増やさないと返せないのですが、消費の落ち込みの影響で受注も減っています。経営が苦しいと労働条件は悪くなるので、社員の士気も落ちるといった具合に、悪循環が続いていきます。

この悪循環を断ち切るには、どこかで決定的に流れを変えなければいけません。しかしほとんどの会社では、自社が大きなピンチに襲われていることが社員に伝わっていません。会社が倒産の一大危機を脱け出すためには、社内が一致団結して業務改善に取り組むことが大切なのですが、社内の認識が揃《そろ》わず、業績回復に向けて協力し合えるような環境が整っていないため、改善の第一歩すら踏み出せないのです。

コロナの影響で消費の落ち込みが長引いていることにより、多くの会社が経済活動を抑えています。ですが会社を変えるためには、今こそ儲けの仕組みや自社の状況を理解し、自分の頭で考えて問題を解決していけるような社員を育てることが大切です。厳しい状況下でもあきらめずに社員教育の努力を行なった会社だけが、コロナ後の世界でもいち早くパワフルに復活できるのです。

2 自身も苦しんだことから生まれた「ぐるぐるフセン会議」

実は、社員教育の大切さは私自身の実体験から理解したことです。それというのも過去、私も一経営者として社員を育てて会社を盛り立てていくことの難しさに悩んでいた時期があったからです。

それは私が社労士として独り立ちし、自分の事務所を構えて奮闘していた頃の話です。その当時、事務方として会社を支えてくれていたのは地元の主婦パートの方たちでした。彼女たちはとても優秀だったので、希望者には正社員になってもらうことを考えました。

全員と毎日話し合いを重ね、待遇などの諸条件も整えて、いよいよ正社員登用の話も大詰めとなったある日、その出来事は起こりました。メンバーのなかでも特に優秀で、私も期待を掛けていた1人のパートさんが会社を辞めたいと言い出したのです。突然の申し出でした。

それまで彼女はまったくそういったそぶりを見せず、元気に働いていた様子だったので私は動揺しましたが、よくよく話を聞いてみると、実は近くの大企業が同じタイミングで正社員を募集しており、彼女はそちらに採用が決まったということでした。私の事務所での仕事内容や人間関係に問題はなく、むしろ楽しくやりがいを持って働いていたそうです。しかし、今回採用が決まった大企業は、わが社よりだいぶ賃金が良かったそうなのです。

私は打ちのめされました。小さな事務所なりに毎日小さな工夫を重ね、パートさんもそれに応えてくれて社内が落ち着いてきたと思っていたのに、最後の決め手はやはり待遇面だったという現実が重くのしかかりました。

そこで私は一念発起しました。会社を支えてくれるような良い人材を集めるには、やはり第一に待遇を改善することだと目が覚めたのです。

そこからはひたすら待遇改善の研究を始めました。厚待遇というのは、つまり賃金を高くしてと労働時間を短縮することです。そして、この2点を実現するためには会社が儲けるしかない、より正確にいうなら「粗利総額を増やすしかない」ことに気づいたのです。

粗利総額を増やせれば待遇を改善でき、優れた社員を集められます。優れた社員が集まれば会社が成長し、さらに収益が上がります。人材と収益の関係は、卵とニワトリのように循環し、切っても切り離せない関係にあるのです。

人材確保と増収を実現するために、無数の試行錯誤を繰り返した結果完成したのが、対人面から社風改善にアプローチする「〃できました〃メソッド」(『社員は1分で変わる!――儲かる会社をつくる「できました」の魔法』、牧野剛著、自由国民社刊)と、本書でご紹介する「ぐるぐるフセン会議」です。

3 「ぐるぐるフセン会議」の仕組み

「ぐるぐるフセン会議」では、身近な文房具である「フセン」と「KPT（ケプト）」と呼ばれる会議手法を使用します。

KPTとはソフトウェアの開発に由来するアメリカ生まれの会議手法で、大まかにいうと、日々の行動を「継続すべき良い行動」と「問題が発生しているため改善すべき行動」に振り分け、振り返りを繰り返すことで、行動内容を改善するというものです。

【K】KEEP＝現在うまくいっているので続けたいこと
【P】PROBLEM＝改善したいこと
【T】TRY＝新しく始めたいこと

私は、このKPTの手法を誰にでもできるくらいカンタンかつ効果を最大にするにはどうしたらいいかを考えました。そして限界までシンプルな形に生まれ変わらせたのが「ぐるぐるフセン会議」です。

詳しいやり方は5章でご説明しますが、左図のような、KPT（ケプト）と呼んでいるフレームワークとフセンを用いて、ワイワイと楽しみながら会議を進めていきます。

「ぐるぐるフセン会議」は会議という体裁を取っていますが、実はその本質は「行動と検証」の反復トレーニングです。

「ぐるぐるフセン会議」は、実際の会議と、それをふまえた行動の改善が1セットになっています。

毎週1回このセットをこなしていくうちに、それぞれの社員に必要な能力が定着し、さらに伸びていきます。このように、1つのセットを繰り返すうちに能力はぐるぐるとスパイラル状に上昇していくので、このメソッドを「ぐるぐるフセン会議」と名付けました。

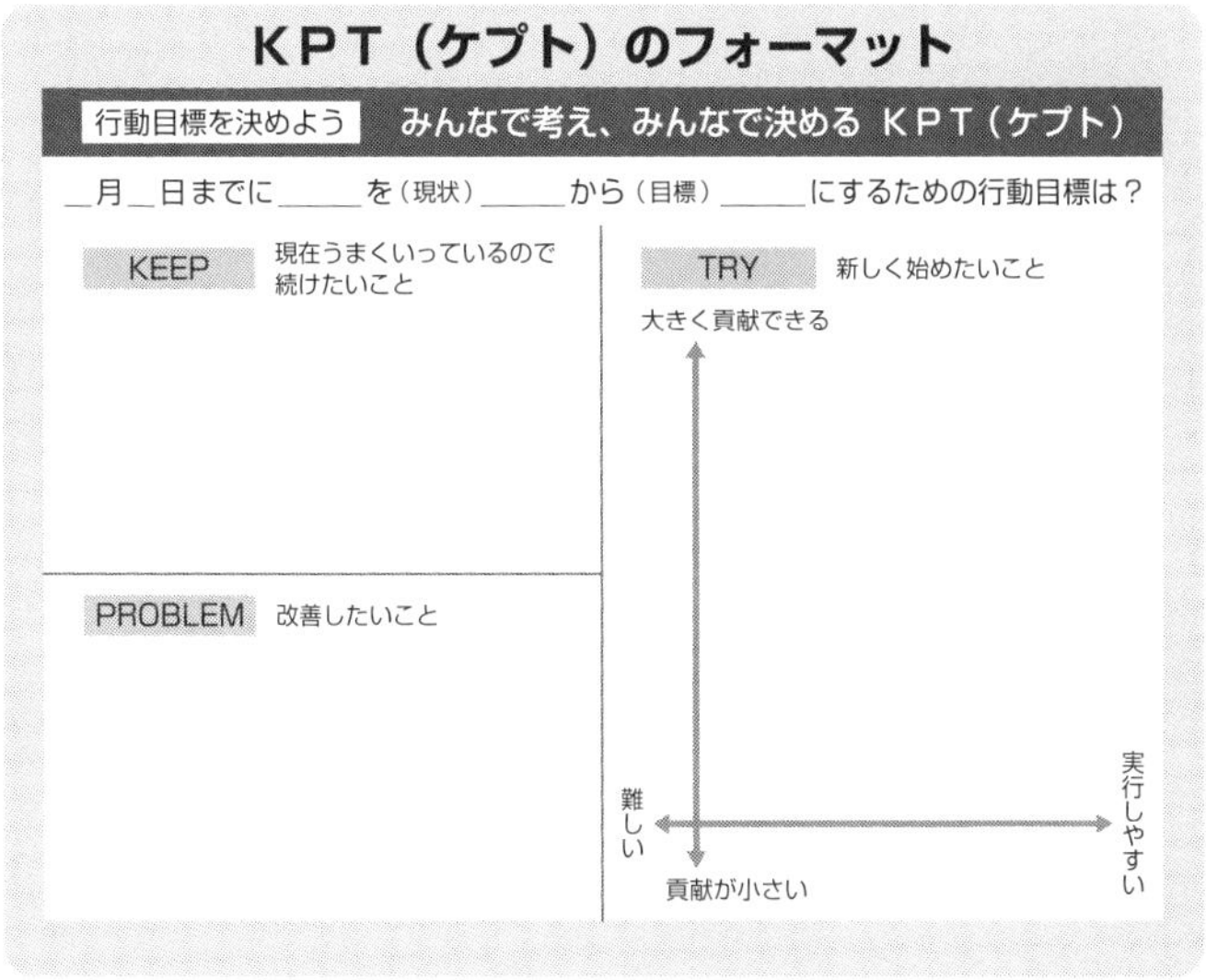
KPT（ケプト）のフォーマット
行動目標を決めよう
みんなで考え、みんなで決める KPT（ケプト）
__月__日までに_____を（現状）_____から（目標）_____にするための行動目標は？
KEEP
現在うまくいっているので続けたいこと
PROBLEM
改善したいこと
TRY
新しく始めたいこと
大きく貢献できる
貢献が小さい
難しい
実行しやすい

「ぐるぐるフセン会議」は企業の粗利総額のアップを目的としてメソッドが考えられていますので、毎週会議を繰り返すたびに参加メンバーの社員には、実践的に粗利アップの意識が浸透していきます。社員1人ひとりが育っていくと、やがて会社自体が大きく変化します。

会社自体を〝儲け体質〟に根本から変えてしまうのが、この「ぐるぐるフセン会議」なのです。

4 「ぐるぐるフセン会議」であなたの会社はこう変わる

「ぐるぐるフセン会議」は粗利総額をアップし、会社として大きく儲けることをベースに社員自身のやる気を引き出します。人間には、「自分のことは自分で決めたい」という気持ちがありますので、誰かから指示をされて受け身で進めるのではなく、自分の意志で取り組んでこそ最大の力を発揮できます。

さらに「ぐるぐるフセン会議」は1人で行なうものではありません。複数の社員で行ないます。「みんなで考え、みんなで決めて、みんなで実行する」ことでメンバーの納得感が高まり、チームワークを発揮できるようになります。

人間のやる気のツボを押すにはいくつかのコツがありますが、「ぐるぐるフセン会議」にはそのためのいろいろな工夫が仕掛けてあります。詳しくは第2章でご紹介しますが、ゲーム感覚で楽しく進められるというのも工夫の1つです。

こういった工夫が施された「ぐるぐるフセン会議」を行なうことで、社員も自分たちの意志でイキイキと働き出し、それまでには考えられなかったような大幅な粗利総額アップという結果を出すようになるのです。

5　ゴールは会社を〝儲け体質〟に変えてしまうこと

社員たちが自発的に粗利アップを意識して楽しく稼ぎ出す、会社自体をそんな儲け体質に変えてしまうことが「ぐるぐるフセン会議」のゴールです。

社員たちが成長し、自立できるようになると社長さんが自由に使える時間は増えます。そうすると社長さんにはじっくりと経営戦略を練る時間が生まれ、会社はますます儲かるようになります。このようなサイクルを作り出すことは、多くの社長さんの夢ではないでしょうか。

社長さんの夢を叶《かな》え、同時に社員の幸せを叶える「儲かる会社づくり」に大きな力を発揮するのが、本書で紹介する「ぐるぐるフセン会議」なのです。

6 「働き方改革アワード」を受賞した「ぐるぐるフセン会議」

「ぐるぐるフセン会議」はわが社で活用されているだけではありません。私は中小企業を対象に増収セミナーを主催しているのですが、そこで受講されている多くの企業でも大きな成果を出しています。受講されている企業の社長さん方からは、「これまでにも多くの改善策を試してきたが、『ぐるぐるフセン会議』を始めたことで今までにないほど収益が伸びた」「会社の体質そのものが根本から変わったので増収効果が続いている」といった多くの声を頂いています。

これらの成果が徐々に話題となり、先日「ぐるぐるフセン会議」は「静岡県働き方改革アワード」を受賞しました。「静岡県働き方改革アワード」とは、働きやすく生産性の高い企業の取り組みを県が表彰する制度です。「ぐるぐるフセン会議」は、「フセンを使って従業員のアイデアとやる気を引き出すユニークな取り組み」が受賞理由となりました。

「ぐるぐるフセン会議」は本当にカンタンです。難しい言葉も理論も覚える必要はありません。ですがこのシンプルな「ぐるぐるフセン会議」を始めると、これまで会議で発言することのなかった社員が新しいアイデアや意見をイキイキと発表し始めます。そして風通しが良くなって会社が明るくなります。意見やアイデアを気軽に出せる会社は、新しいチャレンジに取り組めるようになるので新しい増収策も打てるようになります。

その結果、知らず知らずのうちに会社が儲け体質に生まれ変わり、バンバン売上が上がるのです。このやり方を取り入れたことで、業績を大きく伸ばした企業は1社や2社ではありません。ですので「働き方改革アワード」は顧問先の皆さまと一緒に受賞したようなものなのです。

わが社のモットーは「人事労務で日本を元気に」というものです。私は、日本中の会社がピンチに苦しんでいる今こそ、社長さん方に私の持っている知識を少しでも活用していただけたらと思ったことから、「ぐるぐるフセン会議」のノウハウをご紹介することにしました。

このカンタンで効果的な「ぐるぐるフセン会議」で、ぜひ日本中の中小企業に元気になっていただきたいと思います。そして1人でも多くの社長さんと社員の皆さんに、ますます幸せになっていただきたいと思っています。

7 「完璧でなくてもOK、でもやり続けることが重要」

この章で最後にお伝えしておきたいのは、「ぐるぐるフセン会議」は気負わず気軽に始めていただきたいということです。そのため誰にでも手軽に取り組めるように、「ぐるぐるフセン会議」はシンプルに作ってあります。また、最初から完璧にやろうとしなくても大丈夫です。

その背景には、私が「ぐるぐるフセン会議」を開発していたときの実体験があります。

「ぐるぐるフセン会議」の開発に向け四苦八苦していた当時、私はこれでもかというほど大量の参考資料を読み込んでいました。ですがその資料のほとんどが専門用語だらけでアカデミックすぎたり、大企業向けの内容でわが社のような地域密着型の中小企業の実態とはかけ離れていたりというものばかりでした。

従業員が数千人規模の会社と10人規模の会社とでは、目的もできることもまったく違います。ですが当時は、中小企業の経営者がどう行動すればよいかというように具体的に書かれた本がなかったのです。どの本も実用に結びつけることはできなかったので、私は結局、自分でオリジナルの方法を開発することにしました。それが一番手っ取り早かったのです。

このときの体験から、私は自分が作る社員教育のメソッドはとにかく具体的でカンタンなものにしようと決めました。ややこしすぎるものは経営者を疲れさせますし、何より社員がついてきてくれません。現場で実際に働いてくれるのは社員たちですから、彼らにやる気を出してもらうためには、誰でも取り組めるようなかなかわかりやすいものでなければいけないのです。そのため、この「ぐるぐるフセン会議」も非常にシンプルなものになりました。

また当時の私は、世間にあるノウハウはお手本どおり完璧にこなさなければいけないという思い込みに縛られすぎていたように思います。そのため本に書いてある内容に、自分で工夫を加えてみることも思いつきませんでした。「完璧に再現しないと！」と堅苦しく取り組んでいたので、時には息切れを起こして改善自体を中止してしまうという本末転倒な結果に終わったこともありました。

今から思えば、もっと余裕をもって「ゆるっ」とした態度で臨んでもよかったのです。そのほうが自分にも社員にも余裕が生まれて、みんなで楽しく改善に取り組めたでしょう。結果的にはそのほうが視野を広く持つことができ、自社の現状に合ったスタイルで進められたかもしれません。

実際、「できるところからやればいいのだ」ということに気づいてからは「ぐるぐるフセン会議」の開発もスムーズになりました。社員との関係も良くなって社内改革もトントン拍子に進みました。

私の主催するセミナーに参加してくださっている企業も「とりあえず、できるところから」というゆるやかな姿勢からスタートしたところがほとんどですが、それでもぐんぐんと売上を伸ばしています。

反復トレーニングである「ぐるぐるフセン会議」は続けるほどに効果が高まります。まずはゆるりと始めてあとは実直に続ける。これが「ぐるぐるフセン会議」で大きな効果を出す一番のコツです。

8 ピンチをチャンスに変えて、コロナ後の時代を生き抜こう

冒頭でもご紹介したとおり、コロナ後の社会状況は厳しいものです。ですがこの状況は、会社を変えたいと願う勇気ある経営者にとってはまたとないチャンスにもなります。人間とは基本的に保守的なので、平常時であれば革新の動きには社内から逆風が吹きがちです。しかしコロナの影響で社会全体の枠組み自体が変

わっていく今、自分だけが変われない会社は時代に取り残され消えていくしかありません。中小企業にとっては自社の存亡が掛かっている今のタイミングでなら、逆に大きな変革にも取り組めるのです。

なお、初めにご紹介した毎月120万円の赤字を出し続けていた会社ですが、社員教育に「ぐるぐるフセン会議」を取り入れたことで、約半年後には月80万円の黒字を出すまでにまで持ち直しました。「ぐるぐるフセン会議」で、社長以下全員が儲けの仕組みを理解して行動に移したことで、6カ月で1000万円以上の赤字を解消し、さらに儲けまで出すことができたのです。

この会社はその後も「ぐるぐるフセン会議」に取り組んでいるので、今では社内にすっかり儲けの発想が浸透しています。業績は伸び続けており、もう赤字を出すことはありません。もちろん倒産の心配はなくなり、社内に笑顔が戻っています。

第２章

「ぐるぐるフセン会議」がすごい６つの理由

「ぐるぐるフセン会議」の最大の特徴は「儲かる会社に短時間で変わる」ということです。なぜ会議を行なうだけでぐんぐん社員が変わり、会社に大きな儲けが出るのか。ここでは「ぐるぐるフセン会議」ならではの特徴とともに、会社が生まれ変わる理由をご説明していきます。

特徴①

「儲け」ファーストの発想だから

【メリット】最短距離で儲けが実現できる

「ぐるぐるフセン会議」を始めると、会社はすぐにぐんぐんと儲かり始めます。その決定的な理由は「ぐるぐるフセン会議」が「儲け」に一点集中しているからです。

世の中には、業務効率改善や社員のコミュニケーション力強化といった社員教育の方法が無数にありますが、「儲け」だけにポイントを絞ったものは意外に少ないものです。そこを「ぐるぐるフセン会議」はズバッと「儲け」だけに集中することで、最短距離で効率的に儲けを実現します。

具体的には、この本ではまず「儲けの仕組み」をお伝えします。次に「儲けを出すために、自分は何をすればいいのか」という実行の方法をお伝えします。この流れに沿って進めれば、誰でも迷うことなく「儲かる行動」をとれるようになるのです。

その際、一般の社員に対してはいきなり「儲け」や「粗利総額」という硬い言葉を使わずに、「お客さまからも従業員からも選ばれる魅力的な会社を作ろう！」という共感しやすい目標に置き換えます。こうすることで社員は取り組みの内容を理解しやすくなり、積極的に協力できるようになるのです。

特徴②

「ぐるぐる」を何度も繰り返すから

【メリット】社員に粗利意識が浸透して会社が根本から変わる

「普通の会議」はある議題への結論が出た時点で終了となります。しかし「ぐるぐるフセン会議」は、毎週繰り返して開催します。なぜなら「ぐるぐるフセン会議」の本質は、社員の能力を鍛え、業績の向上に向け社風を改善するための反復トレーニングだからです。

スポーツでも、勉強でも、何度も繰り返して練習することで能力が定着します。「ぐるぐるフセン会議」では、粗利総額アップという大きな目標を掲げ、その目標に向けて「発想」と「実行」のトレーニングを積み重ねていきます。そのメニューの内容は「ＯＫ・実行・振り返り」の3点が1セットになっています。このセットを毎週繰り返すたびに、「粗利総額アップ」に向け、社員の能力はぐるぐるとスパイラル状に上昇していきます。

【メリット】続けるほどに効果が高まる

自分の会社にピッタリと合った解決法を見つけられるのも「ぐるぐるフセン会議」の強みです。今この本を手に取っている方のなかには、「以前も別のビジネス書を読んだが、自社の状況に合わず役に立たなかった」という方もいらっしゃるのではないでしょうか。会社ごとに置かれている状況は異なりますから、正解となる行動も会社によってそれぞれ異なるはずです。なのに、全社一律のノウハウを載せている本が多いためにこういったことが起きるのです。

ですが「ぐるぐるフセン会議」では、現場を一番よく知っている社員たちが今置かれている状況をじっくり観察し、成功体験を集めてノウハウを抽出していきます。これによって会社ごとに完全オーダーメイドのノウハウが蓄積されるので、会議を「ぐるぐる」と繰り返すたびに日々儲かる仕組みがパワーアップしていきます。

【メリット】仕事の勘が磨かれる

「ぐるぐるフセン会議」では「失敗を恐れず気軽に判断し、実際の行動の結果を見て改善を重ねる」という姿勢を大事にします。

誰にでも失敗を恐れる気持ちがあるので、物事を決めるときにはつい腰が重くなりがちですが、机上の空論でいつまでも悩んでいるよりも、まずは実行に移してからその結果を検証していくほうが精度の高い判断ができます。

「悩まずにまず実行」をモットーとして毎週会議を行ない、行動に移すことを繰り返すたびに、社員は自分自身で結果を振り返り、さらなる攻略法を考えることが習慣になっていきます。自らフィードバックを得て自ら修正していけるようになるので、上司が手を掛けなくても社員は自分自身を育てられるようになります。会議を繰り返すたびに1人ひとりの経験値は高まり、仕事の勘が磨かれていくのです。

特徴③

フセンを活用するから

【メリット】意見が出やすくなり、社内が活性化する

「ぐるぐるフセン会議」では文房具の「フセン」を使って会議を進めます。フセンを使って会議を行なうと、いつもはなかなか発言できない引っ込み思案な人や若手社員も、絶対に意見を出せるようになるので、組織の風通しが良くなって社内が活性化します。

人は、白紙のスペースを見ると何か書きたくなります。たとえば「良い職場を作るために思いついたことを書き出してください」と相手に伝えて白紙のフセンを渡すと、日頃は口が重い人でもフセンになら不思議と気負わず意見を書き始められます。フセンに書いてしまえば、あとはその内容を読み上げるだけなので、どんな人でも会議で発言できるのです。

今まで意見を言えなかった人には自信が生まれ、逆に自分ばかり発言してしまうような人には、他の人の意見に耳を傾けるチャンスが生まれます。

それぞれの意見はフセンに無記名で書かれるので、誰が書いたか気を遣わずにフラットな判断ができます。この結果、良いアイデアであれば書き手の立場を問わず採用されて業務が改善されます。社内がこの感覚に馴染《なじ》んでいくと、誰でも積極的に発言し、判断し合えるような風通しの良い会社に変わっていきます。

【メリット】会議の進行がスムーズになる

「ぐるぐるフセン会議」は、みんなの書いたフセンを模造紙に貼り付け、流れに沿って貼り直していくことで意見を整理していきます。模造紙には「効果の大きさ」と「効果の出る早さ」という2軸のマトリクス（四象限図）を書いておき、みんなのフセンはこの基準に沿って多数決で評価されていくので、自分の意見も客観視できます。

このように意見決定の過程が「見える化」されているので、結論についても全員が納得感を持つことができます。実際にこの方法で会議をすると、誰かが会議の流れに置いていかれたり、一度決まったことが蒸し返されたりするようなこともなくなるので、会議はスムーズに進み、時間も短縮できます。

【メリット】論理的に考える力、営業に不可欠な「質問力」が育つ

「ぐるぐるフセン会議」では、フセンに書かれた意見について、リーダーを中心に質問を繰り返すことで意見の内容を磨き上げていきます。ある意見について「たとえば？」「具体的には？」と聞いていくことで、あいまいな点がクリアになり意見が具体的になっていくのです。

質疑応答をすることでリーダーにもメリットがあります。

「ぐるぐるフセン会議」で質問を行なう目的は、会議にとって必要な情報を引き出すことです。ですからリーダーは会議全体の流れを考え、メンバーから引き出すべき内容を自分でもしっかりイメージしておくことが必要です。

メンバーが答えやすいように、適切なタイミングでピントの合った質問を行なうためにはリーダーも頭をフル回転させなければいけないので、「ぐるぐるフセン会議」のリーダーを務めることで、物事を論理的に考える力が自然と育っていきます。

質問を発することで会話の流れをコントロールする「質問力」は、実はセールスにも欠かせないスキルです。スムーズな会話を通じて、お客さまとの良好な関係を築き上げるためのコミュニケーション力や、お客さまの潜在的なニーズを掘り起こすための提案力などの基本は、この「質問力」にあるといっても過言ではありません。「ぐるぐるフセン会議」で「質問」を繰り返していくだけで、社員1人ひとりに考える能力や営業力が備わるのです。

特徴④

ポイントゲット方式だから

【メリット】ゲーム感覚でやる気が出る

ゲーム感覚で取り組めるのも「ぐるぐるフセン会議」の特徴です。

人間は楽しいことなら熱心に取り組めるので、楽しく感じる工夫をしている「ぐるぐるフセン会議」なら、参加者は長期的に取り組みを続けることができ、そのぶん成果も大きくなります。

ご自身がゲームやスポーツを楽しんでいるときの気持ちを思い出していただきたいのですが、一番気分が盛り上がる瞬間はいつでしょうか。ゲームであれば敵を倒してステージをクリアしたとき、スポーツであれば目標のタイムを切ったときや試合に勝ったときではないでしょうか。

このように、人は何かの目標を達成したとき大きな快感を覚えるという性質があります。その目標が自分で設定したものであればなおさら快感は強まり、次のステージもなんとかしてクリアしたいという意欲も高まります。

「ぐるぐるフセン会議」では、自分たちが設定したゴールに向けて毎日ポイント（得点）を貯めていきます。ポイント（得点）は自分たちで作る「スコアボード」と呼んでいる得点掲示板に書き込んでいくので、日々の成長が自分でも目に見えてわかり、やる気が出ます。得点を見える化することで、仕事や改善活動をゲーム化するのです。

減点方式ではなく、ゲームやスポーツのようにポイント（得点）をゲットしていくという前向きな評価を基本にしているので、どんな社員でも前向きに取り組むことができます。

【メリット】社風が良くなる

「ぐるぐるフセン会議」では、目標を達成したときの達成感を強めるために「褒める」ことを重視しています。会議のさまざまなタイミング、たとえばポイントを獲得したり、チーム目標をクリアしたりするたびに、全員で拍手して声に出して褒め合います。

人間は誰かに認められると、自信がついて次に進む勇気が育ちます。スポーツの試合では得点を決めると、歓声が上がって拍手が起こります。「ぐるぐるフセン会議」なら、仕事にもその感激を取り入れられるのです。

相手を認め、褒め合う文化が育っていくと、社内の人間関係が良くなります。人間関係が良くなると、仕事もスムーズに進みます。人間関係のトラブルが減ると、辞める人がいなくなります。

社長さんの大きな悩みの1つに「せっかく社員を育てても長続きせず辞めてしまう」ことがありますが、「ぐるぐるフセン会議」を通じてお互いに認め合う文化を作り上げることで、社員の定着率もアップするのです。

特徴⑤

全員が係を担当するから

【メリット】当事者意識が生まれる

「ぐるぐるフセン会議」では、会議メンバー全員が次のいずれかの係を担当します。

・リーダー
・サブリーダー
・書記
・タイムキーパー
・盛り上げ係（チームが5名以上の場合）

従来型の会議では、ともすると「他の出席者の意見を聞くだけ」の受け身のメンバーが生じがちです。ですが、「ぐるぐるフセン会議」では、係として明確な仕事が与えられるので責任感が高まります。他人任せではなくなり、〝自分事〟として仕事を成功させたいという当事者意識が生まれるのです。

【メリット】リーダーシップが身に付く

さらに、「ぐるぐるフセン会議」の係は、取り組み期間（3ヶ月）ごとにローテーションで交代していくので、全員がすべての係を担当します。参加メンバーは、議長として場を仕切る「リーダー」から、会議の活気をアップする「盛り上げ係」までバラエティに富んだ役割を経験するので、視野が広がり、物事をさまざまな角度から判断できるようになります。

チームで仕事をするときは、たとえどのポジションであっても周囲の協力を集めて目標を達成する力が必要となります。「ぐるぐるフセン会議」では、「みんながWIN-WINになる目標を掲げ、その目標達成のために周囲に働きかけ、協力して目標を実現する力」のことを「リーダーシップ」と表現しています。

「ぐるぐるフセン会議」に参加した社員は、さまざまな係を担当することで、「チームの陣頭に立ってメンバーを率いる」従来型のリーダーシップだけでなく、「サブリーダーとして仕事の流れをフォローする」、「書記として意見を整理する」といった立場に即した柔軟なリーダーシップを身に付けていくのです。

特徴⑥

時間を正確に計るから

【メリット】時間意識が育つ

「ぐるぐるフセン会議」では、タイムキーパーがキッチンタイマーで会議時間を計ります。それも「フセンに意見を書くのは2分」のように分刻みできっちり計ります。

タイムキーパーが「あと1分!」「残り30秒!」と声掛けをするので、ゲーム感覚で場が盛り上がります。会議にテンポと高揚感が生まれて活気が出るのです。時間を計ることで会議はダラダラと長引かなくなり、時間は短くともギュッと凝縮された有意義なものとなります。

「ぐるぐるフセン会議」以外にも、わが社では普段から社員が自主的にタイマーで時間を計りながら作業をしています。「見積もり作成は1時間で挑戦してみよう」「顧客リスト作成は30分で」と設定し、クリアできたかどうかをタイムチャレンジのように楽しみながら進めている姿をよく見かけます。

時間にもコストがかかっているので、時間を意識して効率を上げることは大切です。社員自身が作業に必要な時間を意識し、きちんと自己管理できるようになれば残業も減り、プライベートの時間も増やせます。効率よく働くようになると時間あたりの生産性が上がるので、残業は減っても収益はアップして賃金や労働環境は良くなります。「効率を上げて労働環境を良くする」ということの考え方こそが、実は「働き方改革」の本当の姿なのだと考えています。

私は自分のセミナーでよく「時間とは命そのもの」というお話をさせていただきます。誰にとっても生きる時間には限りがあるので、その意味で「時間」とは「その人の人生そのもの」、つまり「命」であるという話なのですが、それほどまでに時間は大切なものです。

「ぐるぐるフセン会議」でタイムキーパーを設け、時間意識を育てることで誰でも自分の人生をさらに有意義に過ごせるようになります。

【メリット】社員の決断力が育ち、会社のフットワークが軽くなる

「ぐるぐるフセン会議」では分刻みで意見を出し合い、必ずその場で結論を出します。この作業を繰り返していくと、メンバーの集中力が高まり、思考の瞬発力がアップします。

一般に長い時間をかけて慎重に考えるほど良い判断ができると思われがちです

が、実は人間が何かの判断に要する時間は、数秒以下という説があります。基本的な判断はすぐできるものの、いったん判断したあとで本当にそれで良いのか頭の中で再検討している場合が多いのだそうです。

この時間が長すぎるのが優柔不断な人です。優柔不断な人は、考える時間がどれだけあっても結論を出せません。物事を決断する勇気が出ないだけなので、こういう人も、時間を区切ってあげれば結論を出さざるを得ません。

「ぐるぐるフセン会議」ではタイムキーパーが時間を区切っていきますので、リズムに従って意見をまとめる練習を積み重ねていくことで、どんな人でも短時間で結論を出し意見をまとめられるようになります。

個々に即断力が育つと会社全体のスピード感も増していきます。社会の変化のスピードがますます早まっている現代では、決断が遅い企業はどんどん淘汰されていきます。会社が生き残るためにも、決断力を育てるのは重要なポイントなのです。

「ぐるぐるフセン会議」を続けていくと、社員1人ひとりの判断力と行動力が高まり、生産性を高める行動が自然と身に付きます。さまざまな係を経験することで場に応じたリーダーシップが身に付き、互いに認め合うポジティブな社風に変わっていきます。

1人ひとりのスキルや主体性がアップし、社内の雰囲気が良くなると、働くのが楽しくなって会社は儲かり始めます。いったん儲かるサイクルが生まれると、賃金や労働環境もアップしていくのでさらにやりがいが生まれます。こうして会社は根本から「儲け体質」に生まれ変わることができるのです。

第3章

「儲かる会社」に変わる
カギは「粗利の理解」

1 「まず『粗利』の理解、それから実践」が鉄則

「ぐるぐるフセン会議」を成功させるために、ぜひお伝えしておきたいことがあります。それは「なぜ会社は粗利総額アップにこだわるべきなのか」を、まずは社長自身が完全に理解しておくこと、そして社員みんなに心から納得してもらうことです。

多少時間がかかっても、ここはしっかりと腰を据えて取り組んでいただきたいのです。というのもこの段階を飛ばしてしまうと、とたんに社員の心が離れてしまうからです。

今はもう、かつてのように「理屈はともかく、みんなで会社のために頑張ってくれ」が通用する時代ではありません。「会社の粗利総額を増やすことで、どう自分が幸せになるのか」というイメージがリアルに想像できないと社員はついてきてくれないのです。社員全員が、「粗利総額アップが自分の幸せに関係してくる」

とイメージできていない状態で社長がいくら頑張っても、会社改善の効果は出ず、かえって孤立無援の状況に陥ってしまうことさえあり得ます。

というのも、これは、私自身が過去に経験したことだからです。

かつての私は、この「粗利総額の大切さを社員に共有してもらう」ことの重要さに気づいていませんでした。当時は、社長と社員がビジョンを共有することの大切さを知らなかったためです。基本を固めずに成果を急いだ結果、社員のなかに「どうして社長は、そんなに粗利にこだわるのか。これまでどおりではいけないのか」と反発が生まれました。

社員の反発を受け、当時の私は「いったいどうすれば、みんなは会社を良くするために協力してくれるのだろう」と悩みました。そして試行錯誤を繰り返した結果、たどり着いたのが、まずは自分自身が「粗利」の持つ意味を見つめ直すことでした。それは「粗利総額を増やすことが、関わった人全員の幸せを増やす」ということです。

そして自分自身がしっかりと粗利の価値を理解したあとで、自分のなかでまとめた考え方を社員にもわかりやすいよう流れに沿って整理して話をしました。すべての社員に問題意識を共有してもらうために、きちんと内容が伝わるように工夫をしたのです。私自身が意識を変え、粗利総額を増やすことがみんなを幸せにする、という信念を持って話をしました。

まとめた内容を社員にていねいに伝えると、前回とは異なり、今度は社員たちは驚くほど前向きに受け入れてくれました。「粗利」の価値を自分たちのものにした社員たちは、自発的にイキイキと働くようになり、粗利総額も目に見えてぐんぐんと上がっていったのです。〝急がば回れ〟とは、まさにこのことでした。

今ではもう、取引先との交渉から収益アップの施策立案、実行まで、安心して社員たちの自主性に任せられるようになりました。

社内一丸となって良い会社に生まれ変わるには、まず社長自身が基盤をしっかりと固めておく必要があります。少しでも早く「ぐるぐるフセン会議」を始めたいと思う方もいらっしゃるでしょうが、ここは逸《はや》る気持ちをぐっと抑え、結果をきちんと出すためにも、まずは粗利総額アップについての理解を深めていただきたいのです。

2 従業員を大切にするエンゲージメントが高い会社は儲かる

「はじめに」の章でも触れましたが、かつては私自身が社員教育に悩んでいました。そのため「人」の大切さは他人事ではなく理解しているつもりです。会社は、良い社員を確保できて初めて、質の良い商品やサービスを提供することができ、お客さまから選んでいただくことができます。そして、収益を上げることで企業として生き残っていけるのです。

この自身の経験から、その思いを「お客さまからも従業員からも選ばれる魅力的な会社を作ろう！」という一文に込めて大切にしています。社員にもこの一文はことあるごとに伝えています。

「お客さまに選ばれる会社」とは、良い商品やサービスを提供することでお客さまに喜ばれ、充分な収益を上げている会社のことです。収益が上がれば、社員の労働環境を改善することができますし、お客さまに喜んでいただければ、社員に働きがいが生まれます。まさに「エンゲージメント」が叫ばれる所以です。

「従業員に選ばれる会社」とは、待遇が良く、働きがいのある会社のことです。そういった会社は良い社員を採用でき、生産性も高まるので社内にゆとりが生まれます。社員同士の人間関係も良くなるので、業務がスムーズに回るようになり、お客さまにより良い商品やサービスを提供できます。

お客さまから選ばれることと従業員から選ばれることとは、1つにつながって良い循環を生み出すのです。

この、労働条件が良い、人間関係が良い、働きがいがある、というのは、私がこれまで見てきた〝儲かっている会社〟がことごとく備えている特徴です。

従業員を大切にすることで会社が儲かり出すというのは、偶然ではなく必然であり、そして従業員の待遇改善のもととなるお金こそが「粗利」なのです。

3

粗利とは何か。なぜ粗利総額が大切か

なぜ「売上総額」ではなく「粗利総額」に注目すべきなのでしょうか。それは、会社を動かす原資となるのは粗利だけだからです。

売上と粗利は一見似ているようですが、その中身はまったく異なります。私は会社の経営を預かる社労士として、社長さんに、この「粗利」の総額を増やすことを何よりも重視していただくようお伝えし続けています。

職業柄、私はこれまで多くの会社の社長さんにお会いしてきていますが、実は驚くほど多くの社長さんが、売上と粗利の違いを意識していません。特に昔ながらの商売を続けている中小企業では、その違いについて考える機会もないままここまで来てしまったというお話をよく伺います。

どこの社長さんも、少しでも会社が儲かるようにと日々身を粉にして働いておられますが、売上と粗利の区別がついていないせいで、自身も気づかないうちに経営状態を悪化させてしまっているようなケースも珍しくありません。そこで、この場で改めて売上と粗利の違いを明らかにし、さらに「粗利総額」の大切さをお伝えしたいと思います。

・売上総額とは「売価×数量」のことです。
・粗利総額とは「(売価－原価)×数量」のことです。

売上と粗利の一番大きな違いとしては、売上には仕入れ費用や諸経費などの「原価」という出費が含まれているという点が挙げられます。実際に商売をして、いくら売上が大きくなったとしても、諸経費を支払ってしまうと手元に残るのは粗利だけです。

ここで例を挙げてお話しします。
売価100円の商品を100個売ったとすると、売上総額は100円×100

個＝１０００００円となります。

ここで商品1個あたりの原価が10円だった場合、原価総額は10円×１００個で１０００円となります。この場合、粗利総額は売上総額１００００円から原価合計１０００円を引いた残りの９０００円となります。

ですが、もし商品1個あたりの原価が99円だった場合には、原価総額は99円×１００個＝９９００円となるので、粗利総額は売上総額１００００円－原価総額合計９９００円＝１００円。商品を１００個売っても、手元に残るお金はたったの１００円になってしまうのです。

この状態ですと、商品をいくら売っても儲かりません。これがいわゆる「薄利多売」といわれる状態ですが、薄利多売は赤字になりやすく、経営上の体力が少ない中小企業では、最終的に倒産にまでつながりかねないほどの危険が伴います。

例に戻りますと、商品の仕入れ価格や原料費が高騰したり、不良品が増えたり、原材料を無駄に使うなどして結果的に原価が１１０円まで上がってしまった場合、原価総額は11000円となります。この場合、粗利は売上総額10000円－原価総額11000円となり、粗利はマイナス1000円に。つまり、売れば売るほど赤字になってしまうのです。

この例だけ見ていると「売価よりも原価が高くなるなんてバカなことがあるわけがない」と思われるかもしれません。しかし実はこういったケースは、商品・サービスやお客様ごとの粗利総額を1つひとつ丁寧に見ていくと、良くあることなのです。

たとえば、ある製品を受注し、いざ生産し始めると後から仕様がどんどん変更され、当初の予定より手間がかかり、原価が売価より上回ってしまったケース。あるいは当初の予定より半分の注文数になり、設計などの初期費用が回収できず赤字になるケース。さらに、黒字と赤

【用語解説】
・売価：商品を売るときの価格。商品単価のこともあれば、客単価（顧客1件あたりの価格）のこともある。
・原価：原料費、商品の仕入れ価格（工場などの場合は製造原価）といった費用のこと
・粗利：「売価－原価」のこと
・粗利総額：「（売価－原価）×数量」のこと
・売上：売価と同じ
・売上総額：「売価×数量」のこと

字の製品を抱き合わせで発注され、あとから黒字の製品が引き上げられ、赤字の製品だけが残ってしまう、といったケースもあります。売上総額だけを見ていると、こういったことが起こってしまうから怖いのです。

例でいえば売上総額はどのパターンでも同じ10000円ですが、粗利総額に着眼するとプラス9000円からマイナス1000円まで大きく違いがあります。

このように、実際に手元に残るお金＝粗利総額こそが本当の会社の儲けだということを、改めて意識していただきたいのです。

この粗利総額だけが会社を成長させるために使えるお金であり、将来のための設備投資や社員の給与の原資となります。

4 効率的に儲けるために守るべき「作業手順」

ここで、より効率的に儲けるためのコツをお伝えします。それは、次にご紹介する作業手順を守るということです。

今一度、先ほどの計算式を振り返ってみますと「粗利総額＝（売価－原価）×数量」なので、粗利総額を最大化するためには、

①売価を上げる。
②原価を下げる
③販売数を増やす

という3つの作業が必要です。そして、この作業を①②③の順番どおりに行なうのが儲けるためのコツなのです。

なぜこの順番なのかというと、販売数や取引先が少ないうちなら比較的ラクに売価を上げることができますし、早い段階から粗利総額も増やせるからです。

逆に販売数を増やしてから売価を上げようとすると、取引先の説得が大変になりますし、売価アップに成功するまでは低い粗利率で売ることになるので、数を売っても粗利総額が増やしにくくなります。

ちなみに最悪なのは、「売価を下げてから販売数を増やす」というやり方です。目先の数を売りたいという気持ちから、この方法を選んでしまう企業は意外に多

いのですが、いったん値下げをしてしまうと本来の価格に戻すのは至難の業です。販売計画を立てるときは、この①②③の順番に沿うことをぜひおすすめします。

なお売価を上げる方法については、のちほど詳しくご紹介します（第4章の「売価上げ」の具体策　90ページ参照）。

5 「売価を上げること」の大切さ

なぜ私が売価を上げることにこだわるかというと、その増収効果は一般的に想像されるよりもはるかに大きいからです。

例としてアメリカの大手コンサルティング会社、マッキンゼーが出した試算を挙げると、商品の販売数を1％増やした場合、利益は最大6・9％増までにとどまるのに対し、売価を1％上げるだけで利益は23・2％も増えるのです（出典『値上げのためのマーケティング戦略』、菅野誠二著、クロスメディア・パブリッシング刊）。

売価を上げれば、労働時間や原価は据え置きのままでも粗利総額を増やすことができます。

すると社員の残業が減り、余裕を持って楽しく働けるようになります。業務上のさまざまな面を工夫する時間も生まれるので、さらに良い仕事ができるようになります。原価を無理に抑える必要がないので、材料を買いたたくこともなくなり、仕入れ先も幸せにできます。売価を上げることで経営が安定するので、商品の品質も安定し、お客さまはますます魅力的な商品、サービスを受けることができるようになります。

工夫を重ねて良い商品を作り、それに見合った売価に上げることは価格を適正化することに他なりません。社員、仕入れ先、お客さまと、関わった人全員を幸せにする良い方法なのです。ですので社長さん方はぜひ自信を持って売価を上げてください。

そもそも日本の商品価格は、品質に対しての値付けが世界水準に比べて安すぎるという問題があります。新しい技術が次々と生まれ、消費者の数もうなぎのぼりだった高度経済成長期には、「良いものをより安く」という風潮が日本の経済を後押ししてきました。ですが、人口の増加が頭打ちになり、さらに個人の嗜好《しこう》が多岐に分かれた現在では、大量生産をして値段を下げてもかつてのようには売れません。

多品種少量生産は手間が掛かるので、そのぶん生産コストもかかるのですが、市場の価格感覚はいつまでもかつての大量生産時代のままです。つまり、今の日本は、良いものを安く売りすぎているのです。

日本の社長さんたちは、この「良いものをより安く」という高度成長期の価値観から抜け出せず、売価を上げることは「不当なぼったくりなのではないか」「売価を上げるとお客さんが離れてしまうのではないか」という抵抗感をどうしても持ってしまいがちです。

かつては私自身も同じ感覚だったので、その気持ちは非常によく理解できますが、売価を上げることはあくまで「価格の適正化」であり、うしろめたく思う必要はまったくありません。商品の品質がきちんとしており、売価を上げるまでにお互いの信頼関係を構築できていれば、お客さまは離れずにいてくださります。

売価を上げても離れないお客さまは、その会社や商品のクオリティを高く評価している「ファン」のような存在であり、買い手・売り手の立場であっても、お互いの立場を尊重する感覚も持っているので、クレームもほとんど出ません。むしろ良かれと思って安売りをするほど、クレーマーのようなお客さまが増えてしまうのが現実です。

人件費も原料費も上がり、さらなる高品質も求められるようになった現在、売価だけ据え置きでは値付けとしてアンバランスですし、何より経営体力を消耗します。資金に余裕の少ない中小企業であれば危険はなおさらで、安売りを続けているといずれは会社が倒れかねません。

会社を守り、社員も仕入れ先もお客さまも幸せにする適切な手段として、ぜひ売価を上げることに取り組んでみてください。

6 合言葉は「お客さまからも従業員からも選ばれる魅力的な会社を作ろう！」

社長自身が粗利総額アップの重要性を認識したら、次は社員にも心からこのことを納得してもらうようにします。社員が粗利総額をアップすることの価値をわが事として感じられるようになると、日々の仕事の意義をより深く理解できるようになり、毎日の仕事がさらに楽しくなっていきます。

社長は、自分や社員の給料を増やしたいと思ったら、原資となる会社の儲け（粗利総額）を増やす必要があります。社長はこのことを理解しているので、誰よりも一所懸命に働きます。そして、この原資を増やすことの必要性は自分にとって当たり前になってしまっているので、周囲の社員も同様に考えていると思いがちです。

しかし社員の多くは、自分の働きが給料に直結しているという感覚を持てずにいます。そのため残念ながら「ほどほどに仕事をして、ほどほどにお給料をもらえれば充分」という感覚の社員が多くいるのも事実です。しかしこれでは会社は伸びません。変化の激しい現代社会では、現状維持とゆっくりと衰えていくことに他ならないのです。

コロナによる社会情勢の変化以前に、技術革新などをはじめとしてここ数年の社会の変化には目覚ましいものがあります。２０２０年度からは日本の小学校でもコンピューターのプログラミングと英語の授業が必修化されました。早ければあと10年以内に彼らは社会人デビューします。新入社員として職場にやってくるのです。

これまでは大企業だけに任せておけばいいと思っていたＩＴ対応や国際化対応という課題が、中小企業にとっても完全に自分の問題となってきています。このタイミングで、激変する社会に食らいついていけるかどうかが、企業としての生き残りを分けるのです。

この時代の瀬戸際に、このようないわば〝眠れる社員たち〟に覚醒してもらうにはどうすればいいか。そのためにポイントとなるのは「粗利総額をアップすると、どう自分の生活に反映してくるか」という感覚を充分につかんでもらうことです。

「みんなで頑張ってこれだけ粗利総額をアップすれば、会社が倒産する心配がなくなって安心して暮らせる。お給料がこれだけ増えたら、買いたかったものも買えるし、子供に習い事をさせることもできるようになる。時間あたりの効率が良くなるから、残業も減って家族の時間も増える」というリアルなイメージを社員1人ひとりに持ってもらうのです。

さらには、「粗利総額が増えて会社に余裕ができたら、職場の雰囲気も良くなって、お客さまからも感謝されるようになる」という、お給料が増えることの先にある高次元の「幸福感」「やりがい」といったところまでイメージしてもらえるようになれば理想的です。そしてこれが、社員に心から粗利総額アップの意味を理解してもらうことにもなるのです。

ここで1つ、社員にこの取り組みの意義を効果的に伝えるためのコツがあります。ここまで本を読み進めてくださっている方には、すでに粗利の重要さはご理解いただいていることと思います。ですが社員に伝えるときにいきなり「粗利」という言葉を使うのは禁じ手なのです。

というのも、社員たちはこの段階ではまだ粗利に関する理解が進んでいません。その状態で「粗利」という硬い言葉を使うと、反射的に拒否反応を示してしまう場合がほとんどなのです。「どうせ会社が儲ける話でしょう。自分たちとは関係ない」と他人事のように感じ、せっかくの取り組みからサッと心が離れてしまうのです。

それではいったいどうすればよいのでしょうか。社員の力を引き出すには、「コツ」があります。それは「目標」を共有することです。そしてその目標は、みんながWIN−WINになるものにすることが大事です。社長だけ幸せはダメ、お客さまだけ幸せもダメ、従業員だけ幸せもダメで、「みんなが幸せ」になれるのが良い目標なのです。

ここで私は社内の合言葉として、例の「お客さまからも従業員からも選ばれる魅力的な会社を作ろう！」というキャッチフレーズを使い、繰り返し社員に説明するようにしています。

まずは「『お客さまからも従業員からも選ばれる』とはどういう意味か」という話から始め、自分の想いを込めて何度も説明をしていくと、ようやく社員は本当の意味で耳を傾け始めてくれるのです。

「お客さまからも従業員からも選ばれる魅力的な会社を作ろう！」は、みんなが幸せになれる目標なのだということを何度も社員に説明していきます。粗利総額を増やして企業活動を改善していくと、賃金が上がって自分が嬉しいだけでなく、商品やサービスのクオリティを向上させることでお客さまにも喜んでいただくことができます。ひいては社会貢献といったことにもつながっていきます。

こういった前向きな未来像を共有することで、社員も「よし、それなら自分もやってみたい」と心を動かしてくれるのです。

この順番、――つまりまず社長が粗利の意義を充分に理解したうえで、社員には「お客さまからも従業員からも選ばれる魅力的な会社を作ろう！」とかみ砕いた説明をし、最後に経営的な視点も含めつつ「粗利総額アップ」という言葉を浸透させていくという流れ――に沿って進めていくのが、最もスムーズかつ効果的に会社改善の取り組みを進めるコツとなります。

これは、私が増収セミナーで多くの企業さまにお伝えし、実際に成果を上げているやり方です。ですのでぜひ皆さんもこの順番で進めることをおすすめします。

7　社長が示すべきリーダーシップとは

こうして粗利への理解が深まると、社員は自分の頭で考え始めます。どうすれば、自分も粗利総額を増やすことに貢献できるだろうかと考え、能動的に仕事に取り組むようになっていきます。

こうして社員に自主性が育ってくると社長はラクになりますが、一方である面では、社長自身も今まで以上に頑張る必要が生じます。なぜなら、社員たちが自分で考え動けるようになったら、そのぶん社長はこれまで以上にリーダーシップを発揮して社員たちの進むべき方向性をしっかりと示さなくてはいけなくなるからです。社長は社員の信頼を得るために、これまで以上に求心力を発揮することが求められます。

しかし「ぐるぐるフセン会議」を活用した社風改善の取り組みのなかで、それはごくシンプルに実行することができます。大前提として社長自身がこの取り組みに本気だという姿勢をしっかりと示したうえで、社員たちの会議の様子を見守り続けることがそれにつながるのです。とはいえ、もちろんつねに見張っている必要はありません。

「ぐるぐるフセン会議」を会社の取り組みとしてスタートさせたら、「会議の様子はどう？　みんなの様子を教えて」とときどき話を聞く程度でも社員には充分伝わります。そして、粗利総額がアップしたら、社員に還元するという約束をきちんと果たすことです。

ほとんどの社長は会社の実態を社員にオープンにすることを警戒します。会社がうまくいっていなければ、「社員が不安を感じて逃げてしまうかも」と心配になりますし、会社がうまくいっていれば「ボーナスの大幅増額を迫られるかも」と焦りの心が生まれるからです。結局、会社が儲かっていてもいなくても社員にはあまり詳しく現状を知られたくないというのがほとんどの社長の本心なのです。私も経営者なのでその気持ちはわかります。

ですが、そこを思い切ってオープンに見せてしまうと、実は社長自身がラクになります。社員たちが会社の実態を正しく理解することで、本気になり自発的に動き出してくれるようになるからです。

わが社では経常利益をすべて公開しています。さらに、利益の30%は社員の収入に還元することを約束して、毎年実行しています。経常利益を公開する理由は、社員の信用を勝ち取るにはこれが一番手っ取り早い方法だからです。客観的な数字はごまかしがききませんので、こうすることで「会社はみんなに隠し事をしていない。現状を共有して一緒に頑張っていこう！」というメッセージを一瞬で伝えることができます。

決算の発表をしても、ほとんどの社員は決算の数字を覚えていません。しかし、決算の数字を知ることで会社の利益には関心が高まり、利益を公開することで信頼関係が強固になります。

そして、もっとたくさんのお客様お役に立ちたいから、お友だちを紹介をしてもらおうとか、商工会に営業に行こうとかと動き出します。

とにかく、お客様の悩みや望みに感心を示して、お役に立とうと行動し始めるのです。

もちろん会社によってさまざまな事情がありますので、すべての会社が経常利益までをオープンにする必要はないと思います。一番肝心なのは「会社の課題を社員と共有し、ともに頑張っていこう」というトップの姿勢。それを社員に充分に伝えることが重要です。

第4章

粗利を２倍にする！
基本戦略の定め方

1 「粗利総額アップ」を意識して「チーム目標額」を決める

社員に「ぐるぐるフセン会議」を始めてもらう前に、社長は粗利をベースとした「チーム目標額」と「基本戦略」を決めておく必要があります。この2点によって、社長がゴールの方向性を明確に示すことになり、それによって社員も行動しやすくなるからです。

「チーム目標額」とは、会議に参加するメンバーが会議と行動を通じて「達成すべき粗利額」となります。期日と金額をセットにし「○月○日までに粗利○円を達成」という定型文にします。実施期間についてですが、期間が長すぎるとダレますし、短すぎると会議の効果が発揮されるまでに間に合わない場合がありますので、3カ月程度の区切りにして、目標金額はその都度更新していくとよいでしょう。

「チーム目標額」の金額の決め方にルールはありません。経営者としての長年の勘から「えいや！」で決めてしまうのも良いですし、収支のバランスからきっちりと算出する正攻法でももちろん良いと思います。決め方に迷ったときには次の算出例を参考にしてみてください。

【チーム目標額の算出例】

〈ゴールイメージ〉

対象社員は４人、取り組み期間は３カ月とする。

社員１人につき、月給は１万円昇給し、ボーナス（半期分）は現在30万円のところを60万円に増額したい。

〈計算〉

・月給：１人あたりの昇給額と諸経費の割合を50％：50％と考えると、粗利を月額２万円増やすことが必要

・ボーナス：現在、半期で30万円のところを60万円に増額するには、60万円÷６カ月＝10万円となり、粗利を月額10万円増やすことが必要

・月給とボーナスを合わせると、2万円＋10万円＝12万円（1人あたり／1カ月）
・3カ月では12万円×3カ月＝36万円（1人あたり／3カ月）
・社員は4人なので　36万円×4人＝144万円（4人あたり／3カ月）
↓つまり、粗利アップ目標は3カ月で144万円となります。

【例：チーム目標は：○月○日（目標額の発表から3カ月後）までに粗利144万円アップを達成】

2　職種別の「基本戦略」を決める

次は「チーム目標額」を達成するための「基本戦略」を決めます。もちろん社長が決めてもいいのですが、「ぐるぐるフセン会議」を行なう部署の職種によっておすすめのAとBの2パターンの「基本戦略」を次に挙げますので、まずはそれを、会議を行なうメンバーに示すだけでいいでしょう。

・Aグループ：お客さまとの金額交渉がある職種・サービスの提案ができる職種
・Bグループ：お客さまとの金額交渉がない職種・サービスの提案ができない職種

Aグループには営業部門などが該当します。

Bグループは製造業や建設業の現場部隊などで、経理部門や総務部門といった社内間接部門もBグループに入ります。

なお、1つの会社内でも、営業部と製造現場とでは職種が異なりますので粗利アップ方針は分けます。

3 Aグループにおすすめの基本戦略は「売価上げ」

Aグループにおすすめの粗利総額アップ作戦は、ずばり「売価を上げること」です。粗利総額を増やす方法のなかで一番「効く」のは売価を上げることなので、お客さまとの金額交渉が発生する部署ではぜひ売価を上げることにトライしてください。

◎「売価上げ」の具体策

売価を上げるための具体策には次のようなものがあります。

・既存の商品やサービスの内容は変えず、そのまま値上げする

これまで100円で売っていた商品を、仕様は変えずに120円で売るといった一番シンプルな〝値上げ〟です。

製品の仕様を変えたり、仕入れ値を上げたりすると原価率がアップし、そのぶん粗利率が下がってしまうので、粗利総額を増やすためにはこの「商品やサービスは変えずに値上げ」が一番効率の良い方法です。

ですがお客さまに提案を受け入れていただくには、会話術を磨いて事前にお客さまとの関係性をしっかりと築き上げておくことが不可欠です。人間には、自分が好感を持った相手からの提案は受け入れやすいという心理作用があるので、こ

こを突くのです。

お客さまと良い関係を作りあげていく力も「ぐるぐるフセン会議」での質疑応答やほめ合う作業を通じて育っていきます。さらにはお客さま側から「いつもよくやってくれてありがとう」という感謝の言葉を引き出せるようになると、もうお客さまの心は離れることはありません。

（このような会話スキルについてご興味のある方は拙書『社員は1分で変わる！――儲かる会社をつくる「できました」の魔法』も併せてご覧ください）

・既存の商品やサービスの内容にプラスアルファして客単価を上げる

これまでの商品に新しい価値を付けて、顧客1件あたりの単価を増やすのがこの方法です。身近な例でいうとラーメン屋さんのセットなどがこれに当たります。ラーメン単品以外にも、特製チャーシューなどのトッピングやライスをセットにして売ることで客単価が上がります。この方法なら、お客さまを新規で呼び込んだり新作ラーメンをゼロから開発したりするよりも、はるかに効率よく収益を上げることができます。

わが社のような社労士事務所なら、通常の顧問契約に加えて、給与計算、タイムカード集計、有給休暇の管理、助成金の手続きの代行、就業規則・雇用契約書の作成、採用ホームページの作成などプラスアルファの提案をすることがそれにあたります。

また、物理的にサービスをプラスするだけでなく、すでにある商品について、おしゃれなイメージを追加したり、これまでになかった便利な使い方の提案をしたりすることで価値をアップするといったやり方もあります。

たとえば、最近は飲食店などの「飲み放題」のことを「フリーフロー」と言い換えるお店が現れています。これによって旧来の飲み放題がおしゃれなイメージに変わり、多少料金をアップしても抵抗感なく受け入れられたりしています。

・お客さまの望む新商品・新サービスを開発する

お客様1人ひとりのニーズに寄り添った商品やサービスにカスタマイズして提供することができれば、お客様に喜ばれながら高く買っていただくことができます。そして、そのぶん利益率を有利に設定することもできます。

・他社の紹介（数量アップの具体例）

お客さまとの接点の多い部署では、お客さまに他社の紹介をお願いすることもできます。この場合も、事前にお客さまとの関係性を充分に深めておくことが大切です。

お客さまから紹介していただいた案件を実際の契約まで漕《こ》ぎ着けるには、自社の信頼度が重要なので、口コミやSNSなどを活用して事前に自社の知名度を上げておくと効果がアップします。

わが社では、社員が率先して地域の商工会議所や協同組合などにお声掛けをし、チラシなどを置かせていただいています。

4 Bグループにおすすめの基本戦略は「原価下げ」

Bグループでは、お客さまと接して売価を上げる交渉をする機会がありませんので、「原価を下げる」ことに集中します。ここは、「値下げ」ではなく、「原価を下げる」ことに注意してください。

原価を下げる方法は、仕入れ先に相談して価格を下げてもらうという直接的なやり方だけでなく、作業効率を上げて時間あたりの生産量を増やすという「生産性アップ」があります。時間あたりの生産量が増えれば、同じ量を生産するにしても人件費や光熱費といった経費が減るので、こういった諸費用の削減が原価を下げることにつながります。

◎「原価下げ」の具体策

原価を下げるには次のような方法があります。

・仕入れ値を下げる

仕入れ先にお願いして原料の購入代金を抑えます。シンプルなやり方ですが、無理な値下げは仕入れ先との関係性を損ないかねません。また、製品の品質を保ちつつ仕入れ値を下げようとすると限界があるのも現実ですので、この方法をとるときは慎重に行ないましょう。さらに、次にご紹介する社内業務を改善する方法もおすすめです。

・みんなで意見出しをしてノウハウを共有する

現場の社員に集まってもらい、作業のノウハウについて意見出しをします。

1人で考えても意見はなかなか出てきませんが、みんなで集まり「どんなことを工夫してるの?」「どこから手を付けていくと一番原価が下がりそうかな」と質問し合ったり話し合ったりする形なら具体的な意見が集まりやすいものです。

実は、「製品の検品をするときにはどういった点に注意するか」といった仕事のポイントや手順が統一されていない会社はとても多いので、社員同士で話し合ってノウハウを共有するだけでも、会社全体の生産性が劇的に上がるケースがとても多いのです。ノウハウを共有し、改善していくことで社員全体の技術力が向上し、ミスや不良品が減り、作業スピードが上がります。こうして生産性を上げることで、原価を下げることができるのです。

・マニュアルを作る

仕事のノウハウの共有を進めると同時に、その内容を忘れないように、誰が見てもわかるようにマニュアルを作ります。マニュアル作成は手間が掛かるので効率が悪いように思えますが、マニュアルがあると新人や異動してきた人も即戦力となり生産性がアップします。

また、マニュアルを作ったり定期的に見直したりする作業を通じて、自分の仕事の手順を見直すことになるので、作業のムダを見つけて合理化するという効果もあります。

・多能工化

聞き慣れない言葉かもしれませんが、これは「誰でも、どの仕事でも」できるようにするということです。みんながすべての仕事をこなせるようにしておけば、誰かが休んでも業務がスムーズに回りますし、作業ごとに専門の担当者を置く必要がなくなりますので人件費が削減できます。また、誰かが業務を抱え込むこともなくなりますので、社内の風通しも良くなります。

みんなでマニュアルを作って教育に活用するほか、誰でも作業しやすいように仕事内容もあらかじめシンプルに整理しておきます。

5 全職種におすすめの基本戦略は「取引先の整理」

ここまで「売価上げ」「原価下げ」という2つの方針をご紹介してきました。それに加え、すべての職種に共通しておすすめする作戦があります。それが「取引先の整理」です。

端的にいうと、「あまり儲けが出ていない取引先とのお仕事は中止する」ということです。仕事の成果を出すうえで、目立たないけれども最も重要な作業は、「取り組むべき業務の選択と集中」です。稼ぎの効率の悪い仕事を削ることで、本来注力すべき収益率の高い仕事に掛ける時間と人手を増やしていくのです。

私は社外で行なっている増収セミナーでも、受講されている社長さん方にこのことを常々お伝えしているのですが、そうすると、時に次のような質問が出ます。それは、「今は利益率の低い仕事でも、ガマンしてこの先おつきあいを続けていけばいずれ大きな仕事につながるのでは……。そういった可能性の残る取引を中止するのはもったいないのではないでしょうか」といった内容です。

これらの質問に対しても、私は「現時点で儲かっているかどうかで判断してください。今、儲かっていなければ、そのお仕事は迷わず断ってください」とお答えしています。

とにかく基準は「まさに今、結果が出ているかどうか」なのです。

もちろん現時点で儲かっていない取引でも、今後儲けが出るかもしれません。しかし、もしかしたらいつまでも儲からないままかもしれません。それは、いわば賭けです。
しかし、今儲かっている取引は現実としてすでに成果が出ています。ですので、限られた時間とエネルギーは、確実に結果を出している取引に集中させるべきなのです。

この「迷わず」を実行するための基準として、私は取引先を粗利総額順に整理するという作業を行なっています。あからさまなことだと思われる方もいるかもしれませんが、取引先を粗利総額順に並べて、今までかかっていた手間ヒマとストレスを考慮しながら、今後は値上げや取引条件の見直しをお願いするか、または取引の中止をお客様に選択していただくか、を決めていきます。
こうやって自分のなかでルールを決めてしまえば、判断にかける時間のムダがなくなります。そのためにも「粗利総額」という数字で表せる客観的な基準がおすすめなのです。

こうして「チーム目標」と粗利総額アップの「基本戦略」が決まりました。

いよいよ第5章「『ぐるぐるフセン会議』実践ステップ」では、社員による会議の進め方をご紹介していきます。

第5章

「ぐるぐるフセン会議」実践ステップ

1 「ぐるぐるフセン会議」のおおまかな流れ

「ぐるぐるフセン会議」は、会議と行動の繰り返しでメンバーの力を伸ばしていく会議の方法です。会議時間は、初回だけは40分程度必要ですが、2回目からは毎回15分程度で終了しますので、ぜひ気軽にワイワイと楽しみながら進めてください。

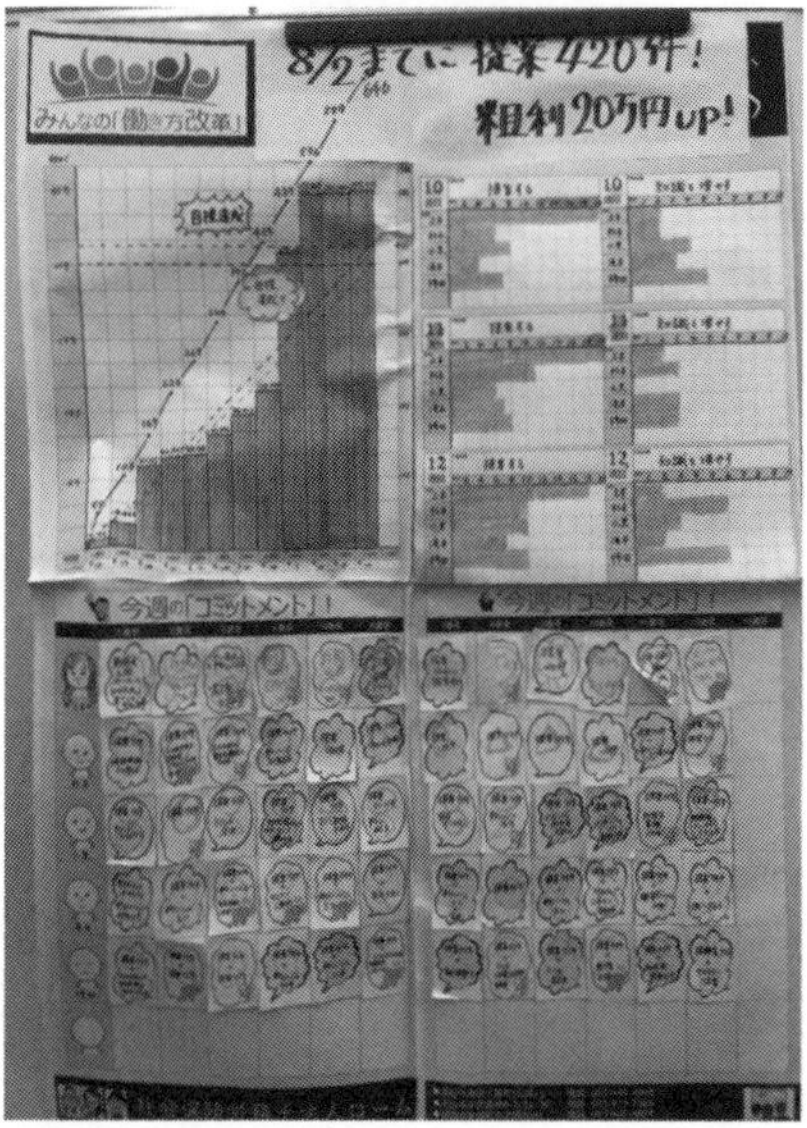

「ぐるぐるフセン会議」では、メンバー全員で得点掲示板のような上の写真の「スコアボード」を完成させながら取り組みを進めていきます。サッカーや野球などのスポーツの得点掲示板の

図1

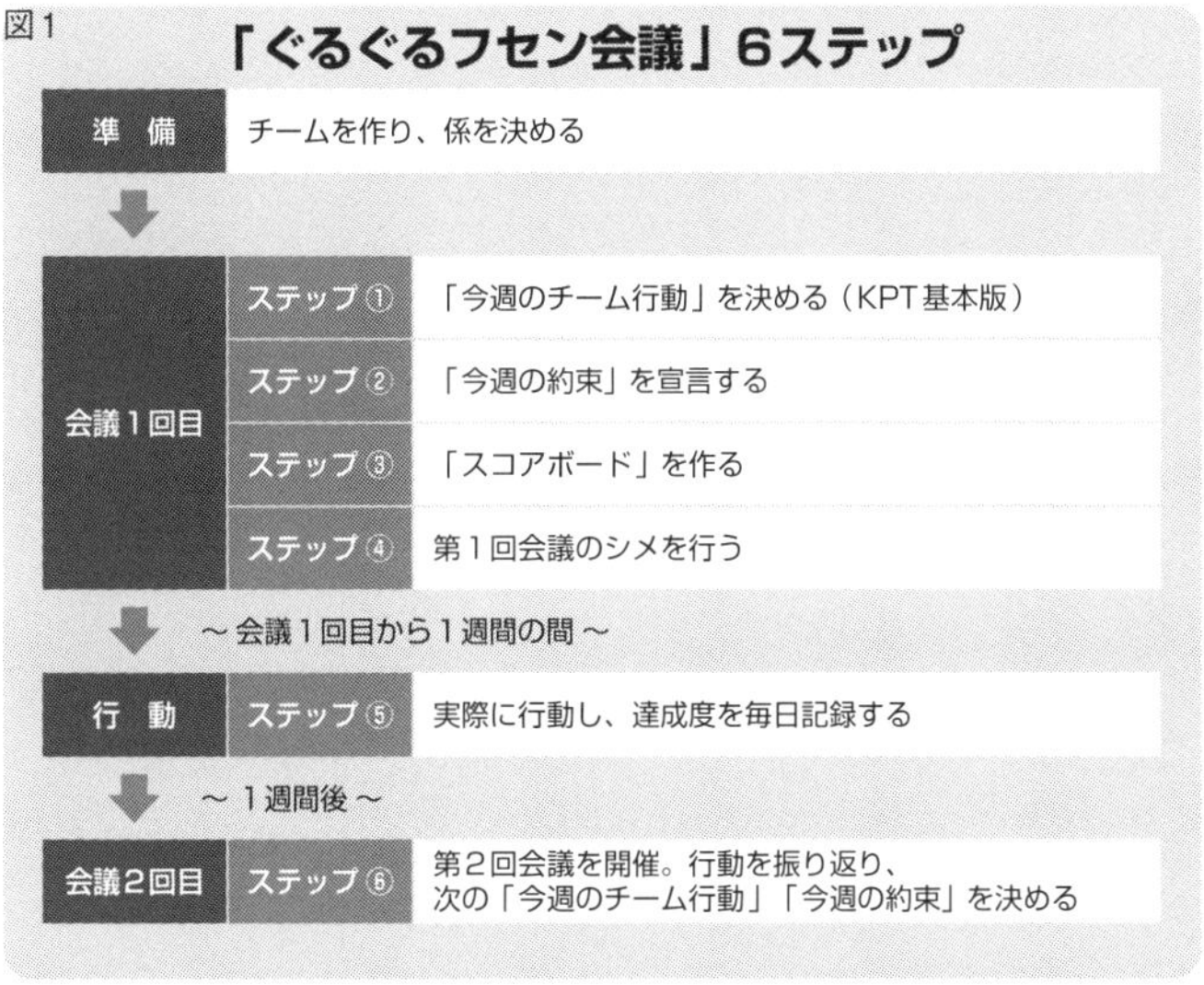
「ぐるぐるフセン会議」6ステップ
準 備
チームを作り、係を決める
会議1回目
ステップ①
「今週のチーム行動」を決める（KPT基本版）
ステップ②
「今週の約束」を宣言する
ステップ③
「スコアボード」を作る
ステップ④
第1回会議のシメを行う
～会議1回目から1週間の間～
行 動
ステップ⑤
実際に行動し、達成度を毎日記録する
～1週間後～
会議2回目
ステップ⑥
第2回会議を開催。行動を振り返り、
次の「今週のチーム行動」「今週の約束」を決める

ような「スコアボード」を使うことでよりゲーム感覚で行うことができます。みんなでにぎやかなスコアボードを作りましょう。

「ぐるぐるフセン会議」の会議パートと行動パートは、上に掲載しました6ステップで進めます(図1を参照)。

リストで見るとやることが多いように感じるかもしれませんが、実際の手間はそれほどかかりません。ぜひリラックスして取り組んでみてください。

それでは実際の進め方をご説明していきます。

【準備】チームを作り、係を決める

「ぐるぐるフセン会議」のチームを編成します。会議ではメンバー全員で1枚の模造紙を囲み、フセンを貼りながら進めるので、人数は4名から6名程度が良いでしょう。

「ぐるぐるフセン会議」では全員が発言し全員で結論を出すので、人数が多すぎると会議が長引きますし、メンバーの当事者意識も弱まってしまいます。かといって人数が少なすぎると意見が集まりませんので、これぐらいの人数が最適となります。

それでもメンバーの数が合わない場合は、係を兼任したり、「盛り上げ係」を追加したりすれば大丈夫です。

チームを作ったら、ぜひ「チーム○○」のようにチーム名を付けてみてください。「ぐるぐるフセン会議」はスポーツやゲームのようにポイント（得点）を獲得しながらモチベーションを高めていくので、チーム名を付けるとやる気や一体感が高まります。わが社では「チームすいか」「@ウサギチーム」のように名前を付けて盛り上がっています。

チームができたら係を決めます。メンバーは全員が何らかの係を担当し、役割に応じたリーダーシップを発揮していきます。

必要な係は次の4つです。

（1）リーダー

（2）サブリーダー

（3）書記

（4）タイムキーパー

（その他）盛り上げ係（チームが5名以上の場合）

係は固定ではなく、会議ごとにローテーションで回していきます。

係の仕事は次のとおりです。

（1）リーダー

司会を担当します。会議の流れを整えて、チームの目標を達成するためにメンバーの協力を集めます。会議中にはメンバーに適切な質問をして発言内容を深めていく役割も担います。

リーダーは、チームが目標を達成できるようにリーダーシップを発揮します。

（2）サブリーダー

リーダーを補佐して会議を進めやすい雰囲気を作り出すほか、フセンの配布や回収などのこまごまとした仕事を行ないます。リーダーがやむを得ず会議を欠席するときにはサブリーダーが司会を代行します。

リーダーに対して発言を促したり取り組みを褒めてモチベーションを高めたりと、サブリーダーは、リーダーに対するリーダーシップを発揮します。

（3）書記

会議で出た意見を取りこぼすことなくフセンに書き出し、「スコアボード」に整理します。会議では意見が次々と出ますので、それらの意見をきちんと書き留めたり、適切な内容に整理したりすることが求められる重要な役割です。
書記はフセンやスコアボードの整備にリーダーシップを発揮します。

（4）タイムキーパー

「ぐるぐるフセン会議」は、タイムキーパーがキッチンタイマーで時間を計りつつ、テンポよく進行します。タイムキーパーは作業時間を知らせるほか、なかなか意見を出さない人にはハッパをかけて急がせるなどし、時間全体を管理します。

タイムキーパーは会議が効率的に行なわれるよう、時間の管理にリーダーシップを発揮します。

（その他）盛り上げ係

会議が積極的な空気に満ちて有益なものになるよう、ムード作りにリーダーシップを発揮します。もちろん他のメンバーも積極的に会議を盛り上げましょう。

図2　(A) KPT（ケプト）のフォーマット

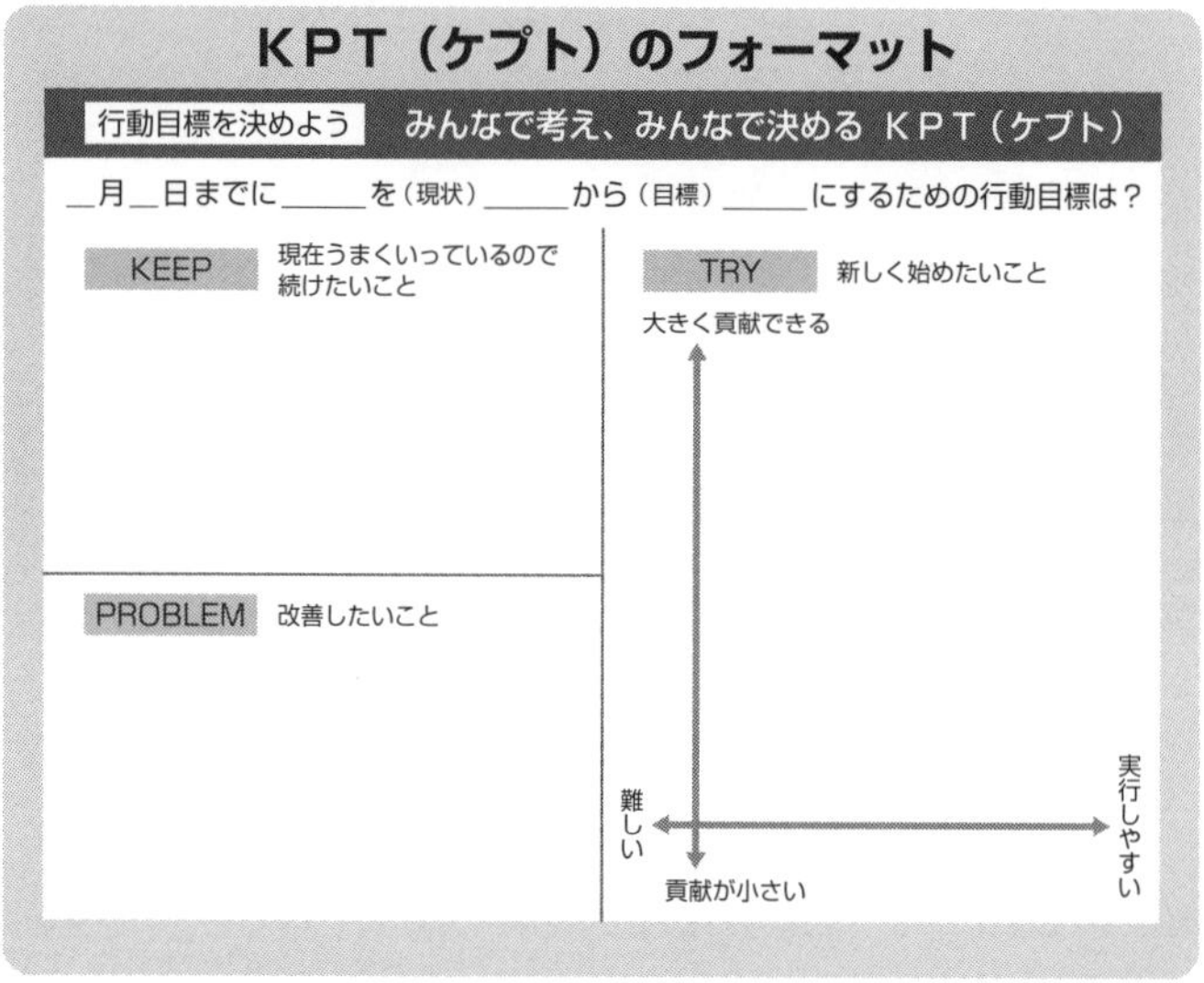
KPT（ケプト）のフォーマット
行動目標を決めよう
みんなで考え、みんなで決める KPT（ケプト）
__月__日までに_____を（現状）_____から（目標）_____にするための行動目標は？
KEEP
現在うまくいっているので続けたいこと
TRY
新しく始めたいこと
大きく貢献できる
PROBLEM
改善したいこと
難しい
実行しやすい
貢献が小さい

会議で使う道具も事前に用意しておきます。

・フセン：できれば5色（緑・赤・青・黄・白）
・KPT（ケプト）（1枚）：模造紙にAのフォーマットを転記しておきます（図2を参照）。
・スコアボード（1枚）：模造紙にBのフォーマットを転記しておきます（画3を参照）。
・スコアシート（人数分）：A4用紙にCのフォーマットを転記しておきます（図4を参照）。
・スコアボード用のカード（人数

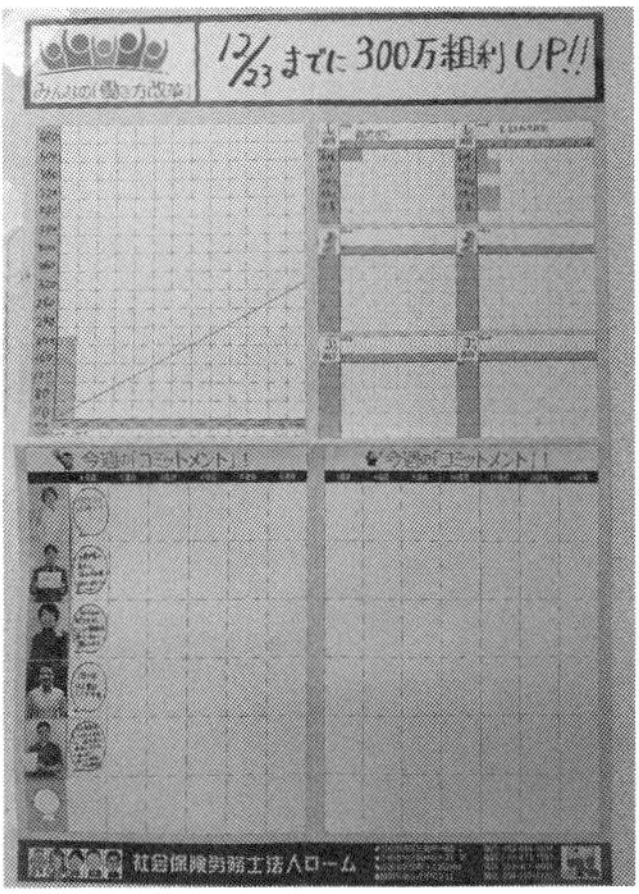

図３　(B) スコアボードのフォーマット

図４　(C) 個人宣言シートのフォーマット

スコアシートのフォーマット

＿＿＿＿までに、粗利を＿＿＿万円アップする！　チーム名：＿＿＿＿＿＿　氏名：＿＿＿＿＿＿

今週の粗利アップの目標：＿＿＿＿＿＿円

今週の約束	今週、私ができる最も効果的な取り組みは、＿＿＿＿＿＿＿＿と約束します。

	行動目標1		行動目標2		粗利アップのための 行動（提案・準備・教育） 例：ロープレ、トーク作り、マニュアル、チェックリストの作成、整理・整頓、新人教育			
日　付	行動目標1について実際に行動したこと	チェック	行動目標2について実際に行動したこと	チェック	粗利アップのために行動したこと	受注商品サービス	売上金額	粗利アップの金額
月　日　曜日								
月　日　曜日								
月　日　曜日								
月　日　曜日								
月　日　曜日								
月　日　曜日								
月　日　曜日								
						合計金額		

来週のチームミーティングのためのメモ

効果があったこと	
効果が無かったこと	
来週の約束（案）	今週、私ができる最も効果的な取り組みは、＿＿＿＿＿＿＿＿と約束します。

分）：名刺サイズの白紙上のようにカードの体裁を工夫するのもおすすめです（図5を参照）。
・模造紙を置いたり貼ったりできるような机やホワイトボード
・タイムキーパー用のキッチンタイマー

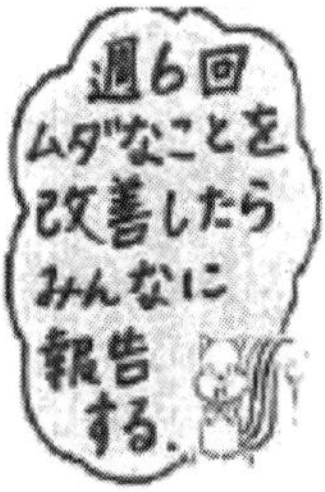
週6回
ムダなことを
改善したら
みんなに
報告
する。
図5

2

【会議1回目】ステップ①「今週のチーム行動」を決める（KPT基本版）

部署：営業部　チーム「めざせ粗利総額アップ！」
人数：4名
チーム目標額：「○月○日までに粗利144万円アップを達成」
基本戦略：売価上げ

第1回目の会議を始めます。

1回目の会議の目的は「今週のチーム行動」を決めることです。「今週のチーム行動」とは、あらかじめ社長が定めた「チーム目標額（第3章）」を達成するために、チームで取り組む行動です。

「今月のチーム行動」は、職種によって社長が定めた「基本戦略（第3章）」に沿ってKPT（ケプト）で決めます。

KPTの意味をおさらいしておきましょう。

【K】KEEP＝現在うまくいっているので続けたいこと

【P】PROBLEM＝改善したいこと

【T】TRY＝新しく始めたいこと

★まずは「続けたいこと」の現状共有を行なう（緑）「現状出し」

▼「続けたいこと」のフセン出しを行なう（2分）

会議ではまず「現状出し」として「続けたいこと」の共有を行ないます。「続けたいこと」とは、現在のみんなの仕事のなかで、粗利総額アップにつながっている行動のことです。

サブリーダーはメンバーに緑色のフセンを3枚ずつ配り、メンバーはフセン1枚につき1件「今うまくいっている行動」を書き出します。ここではあくまで「現状を観察してうまくいっている行動を発見すること」に集中し、新しいアイデアは出しません。

タイムキーパーは、自分もフセンを書きながらキッチンタイマーで時間を計り、みんなに所要時間と締め切りの声掛けをします。

・リーダーの声掛け例

「今、粗利総額アップにつながっている行動を見つけてフセンに書いてください。どんな意見でもOKなのでどんどん書いていきましょう！」

▼フセンをKPT（ケプト）に貼り出す（2分）

図6 フセンを貼っていく

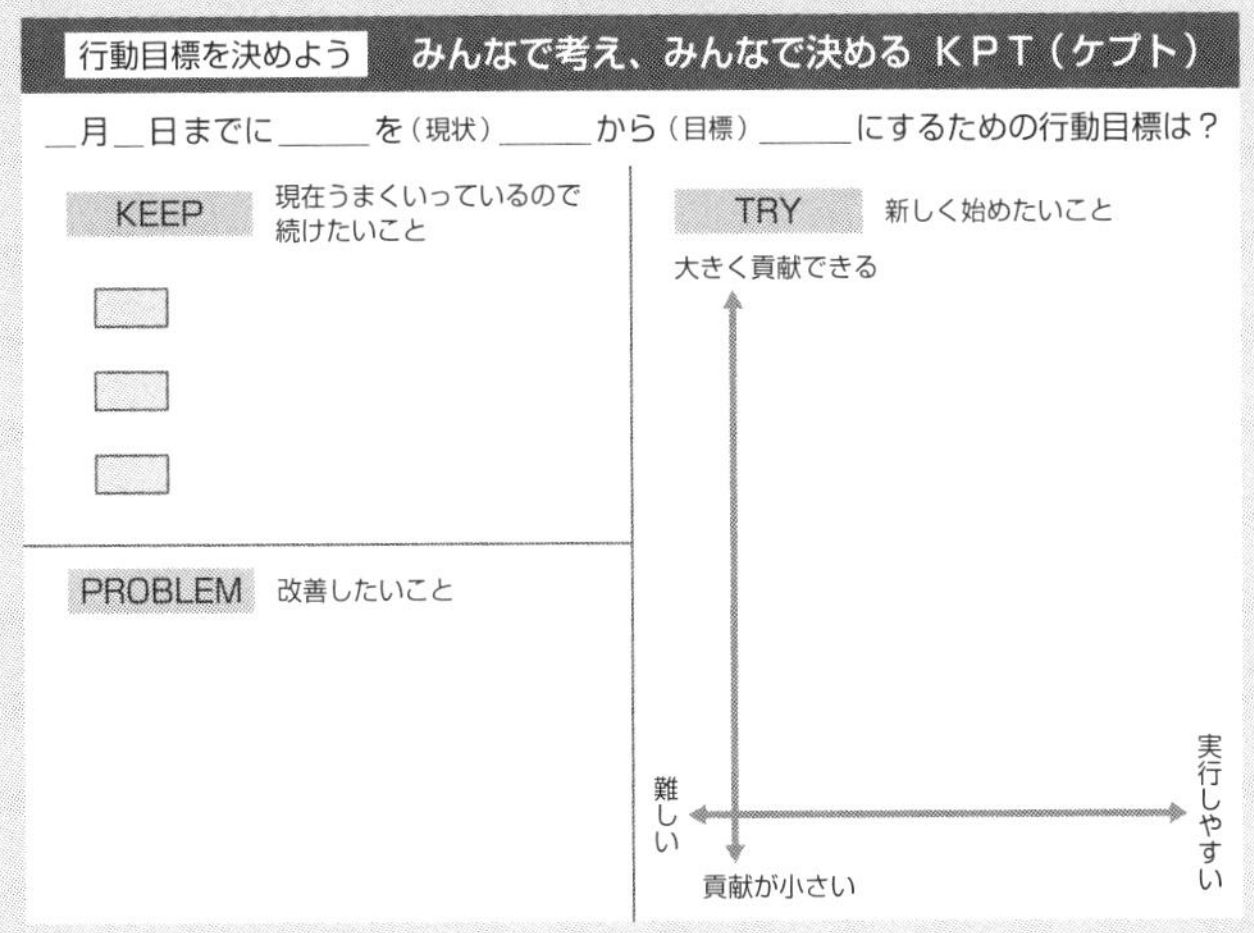
行動目標を決めよう
みんなで考え、みんなで決める KPT（ケプト）
__月__日までに_____を（現状）_____から（目標）_____にするための行動目標は？
KEEP
現在うまくいっているので続けたいこと
PROBLEM
改善したいこと
TRY
新しく始めたいこと
大きく貢献できる
貢献が小さい
難しい
実行しやすい

2分経ってフセンが書けたら、リーダーから順番にKPT（ケプト）の「KEEP　現在うまくいっているので続けたいこと」エリアにフセンを貼り出します。このとき、自分のフセンについて一言ずつ説明を添えます。自分の意見が他の人と似ていた場合は、似た内容のフセン同士を並べて貼ります。

・リーダーの声掛け例

「フセンが書けたら、コメントしながらKPT（ケプト）の『KEEP　現在うまくいっているので続けたいこと』エリアに貼り出してください。自分と近い意見があったら、そのフセンの隣に貼り出してください」（図6を参照）

▼フセンの整理を行なう

全員がフセンを貼り終わったら、みんなでフセンを読みます。

意見の似ているフセンがあったら1枚にまとめ、元の枚数は「正」の字でまとめたフセンに書き込みます。似たようなフセンが5枚あったら、4枚を剥がし、代表する1枚のフセンに「正」の字を1つ書くイメージです。

漏れている視点や足りない意見があれば、新しい緑のフセンに書いて追加します。

・リーダーの声掛け例

「皆さん、立ち上がってフセンを確認してください。似ているフセンをまとめましょう。漏れている意見はないですか？　あればそれもフセンに書いて貼ってください」

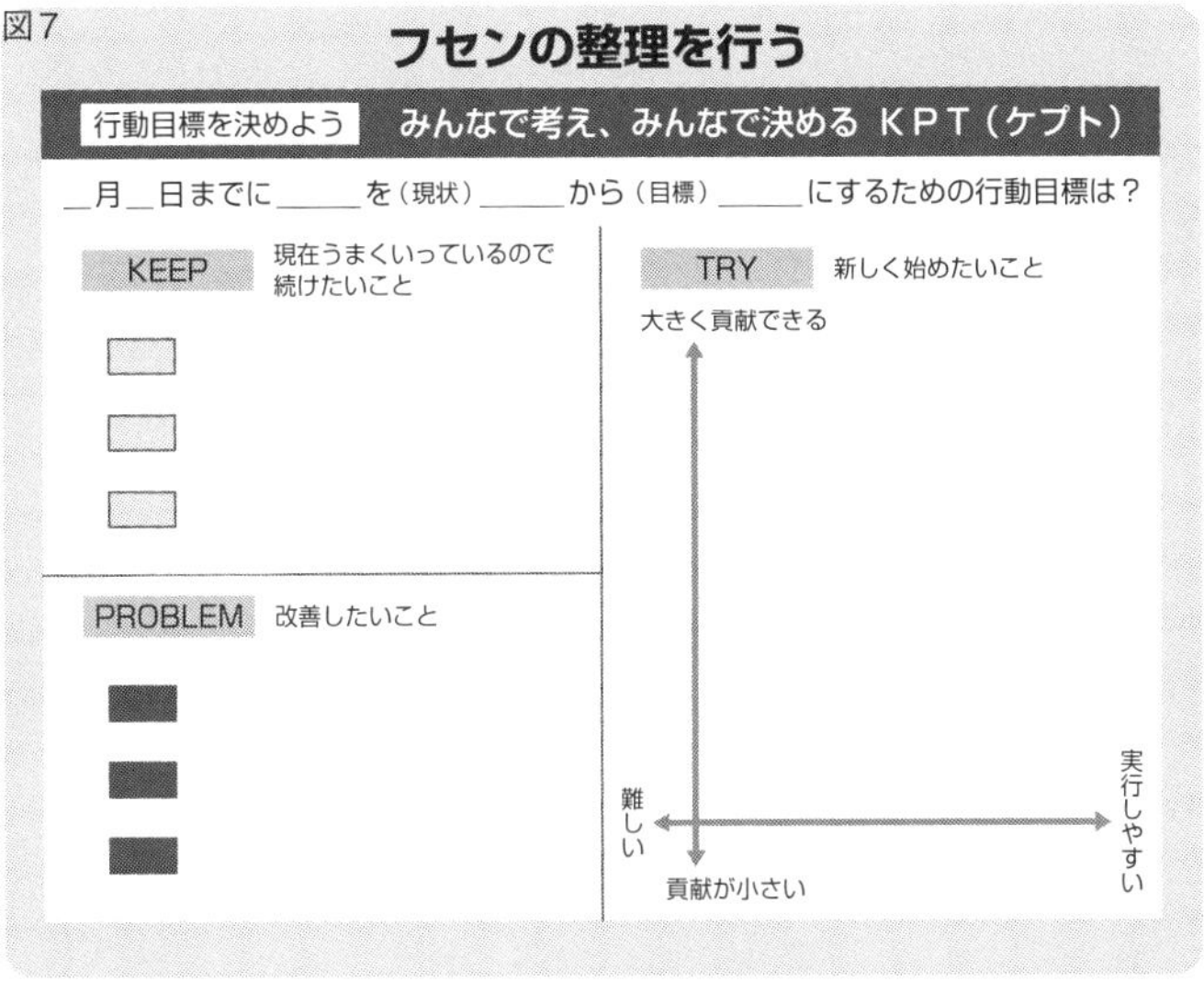

行動目標を決めよう
みんなで考え、みんなで決める KPT（ケプト）
__月__日までに_____を（現状）_____から（目標）_____にするための行動目標は？
KEEP
現在うまくいっているので続けたいこと
PROBLEM
改善したいこと
TRY
新しく始めたいこと
大きく貢献できる
貢献が小さい
難しい
実行しやすい

図7 フセンの整理を行う

★「改善したいこと」の現状共有を行なう（赤）「現状出し」

「改善したいこと」とは、粗利総額アップを阻害している行動や状況のことです。

「改善したいこと」についても「続けたいこと」と同様にフセン出しを行ないます。フセンの色は赤、フセンを貼り出すのはKPT（ケプト）の「PROBLEMB改善したいこと」エリアです。

▼「改善したいこと」のフセン出しを行なう（2分）

▼フセンをKPT（ケプト）に貼り出す（2分）

▼フセンの整理を行なう（図7を参照）

★「続けたいこと」の改善案を出す（青）「アイデア出し」

ここまでは現状の共有を行なっていましたが、ここからアイデア出しとなります。成功していることを改善すればもっと良い結果につながるので、「続けたいこと」の効果をさらに高めるアイデアを出していきます。また、すでに出ている「続けたいこと」のなかから、お手本として全員で真似できそうなことがあったら新しいフセンに書き出します。

フセンの色は青、フセンを貼り出すのはKPT（ケプト）の「続けたいこと」エリアで、すでに貼ってある緑フセン（改善前の状況）に並べて貼ります。

図8

「続けたいこと」の改善案のフセン出し

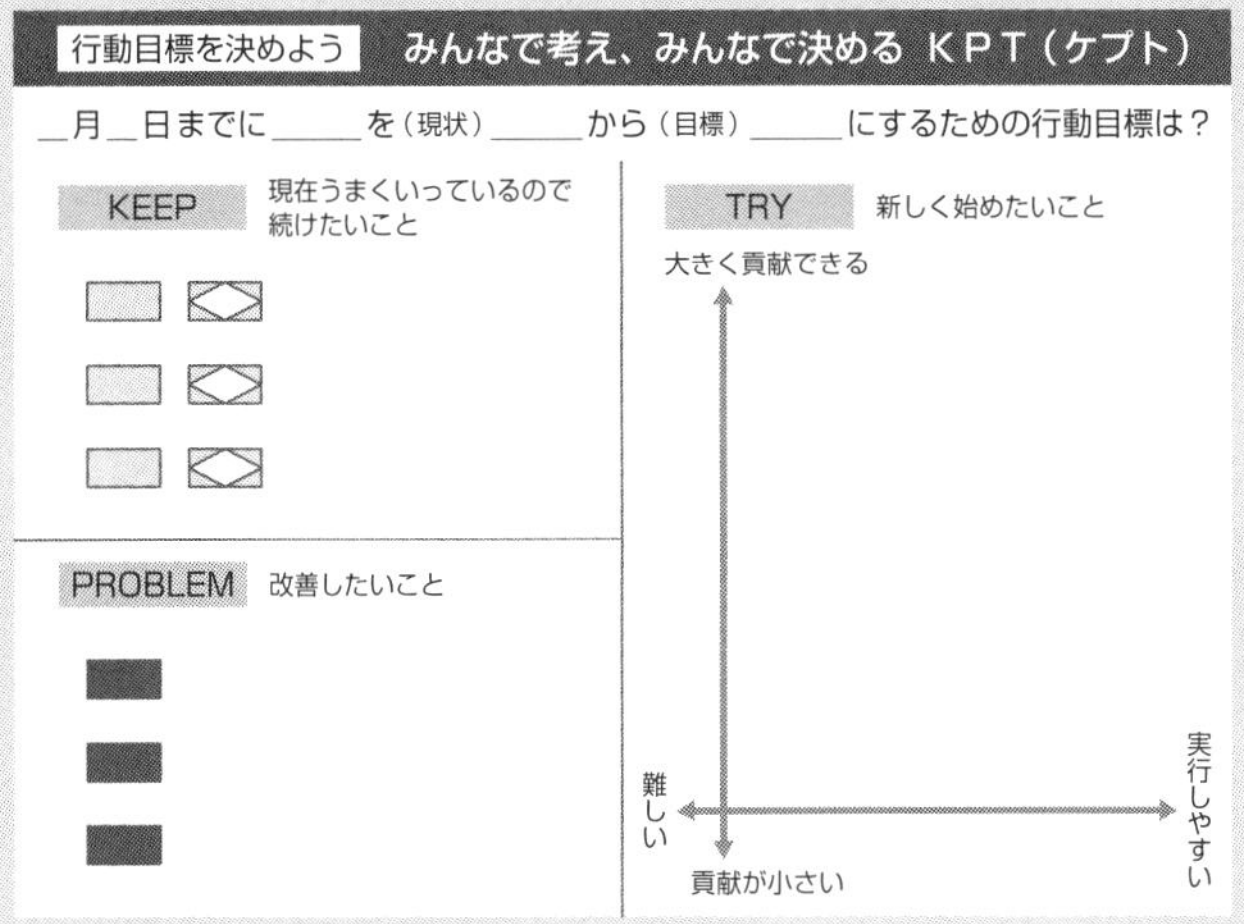

行動目標を決めよう
みんなで考え、みんなで決める KPT（ケプト）
__月__日までに_____を（現状）_____から（目標）_____にするための行動目標は？
KEEP
現在うまくいっているので続けたいこと
PROBLEM
改善したいこと
TRY
新しく始めたいこと
大きく貢献できる
貢献が小さい
難しい
実行しやすい

▼「続けたいこと」の改善案のフセン出しを行なう（2分）

▼フセンをKPT（ケプト）に貼り出す（2分）

▼フセンの整理を行なう

・リーダーの声掛け例

「『続けたいこと』をさらに良くするアイデアや、『続けたいこと』のなかから全員で真似できそうなことをフセンに書いてください」

（図8を参照）

★「改善したいこと」の改善アイデアを出す（黄色）「アイデア出し」

「改善したいこと」についても「続けたいこと」と同様に進めます。粗利総額アップを阻害している要因を、どうしたら解決できるかのアイデアを出し合うのです。フセンの色は黄色、フセンを貼り出すのはKPT（ケプト）の「PROBLEM改善したいこと」エリアです。

▼「改善したいこと」についての改善アイデアのフセン出しを行なう（2分）

▼フセンをKPT（ケプト）に貼り出す（2分）

▼フセンの整理を行なう（2分）

・リーダーの声掛け例

「『改善したいこと』についての解決策やアイデアを書いてください」（図9を参照）

図9 「改善したいこと」の解決策やアイデア

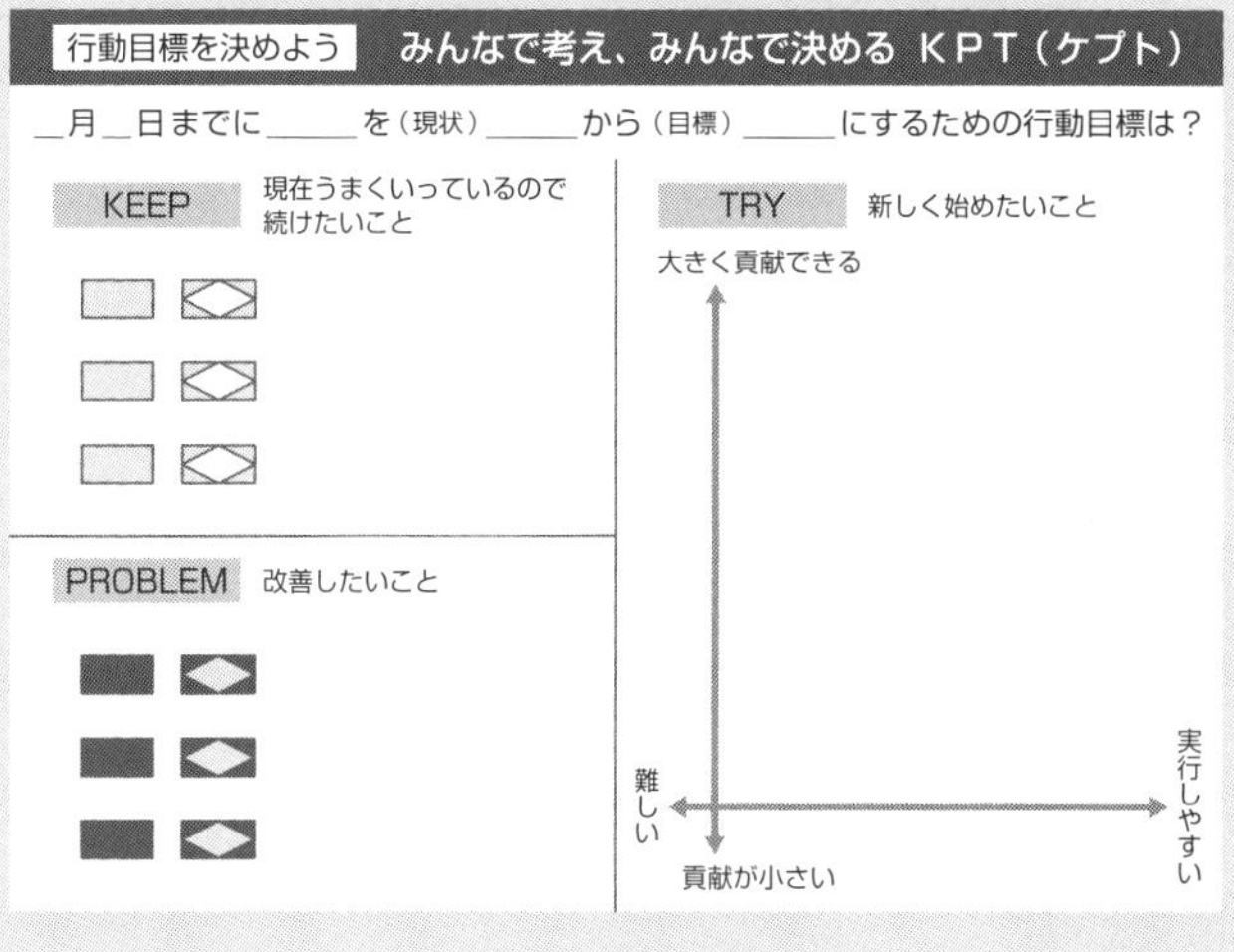
行動目標を決めよう
みんなで考え、みんなで決める ＫＰＴ（ケプト）
＿月＿日までに＿＿＿を（現状）＿＿＿から（目標）＿＿＿にするための行動目標は？
KEEP
現在うまくいっているので続けたいこと
PROBLEM
改善したいこと
TRY
新しく始めたいこと
大きく貢献できる
貢献が小さい
難しい
実行しやすい

★「新しく始めたいこと」のアイデアを出す（白）「アイデア出し」

「続けたいこと」と「改善したいこと」の改善案のフセン出しを終えたところで現実的なプランは出尽くしたと思います。次は、現実的でなくてもいいので「今までやったことのなかった挑戦的な案」を「新しく始めたいこと」として出していきます。

フセンの色は白、フセンを貼り出すのはKPT（ケプト）の「TRY 新しく始めたいこと」エリアです。

▼「新しく始めたいこと」のフセン出しを行なう（2分）

▼フセンをKPT（ケプト）に貼り出す（2分）

▼フセンの整理を行なう（2分）

・リーダーの声掛け例

「視点を高く持ち、お客さまと従業員から選ばれる魅力的な会社にするために、新しい発想でアイデアを書いてください。現実的でなくてもよいので、のびのびと新鮮な案を出してみてください」（図10を参照）

★「今週のチーム行動」を決める

集まったフセンを見比べてアイデアを整理し、多数決で「今週のチーム行動」を決定します。

図10 「新しく始めたいこと」のフセン出し

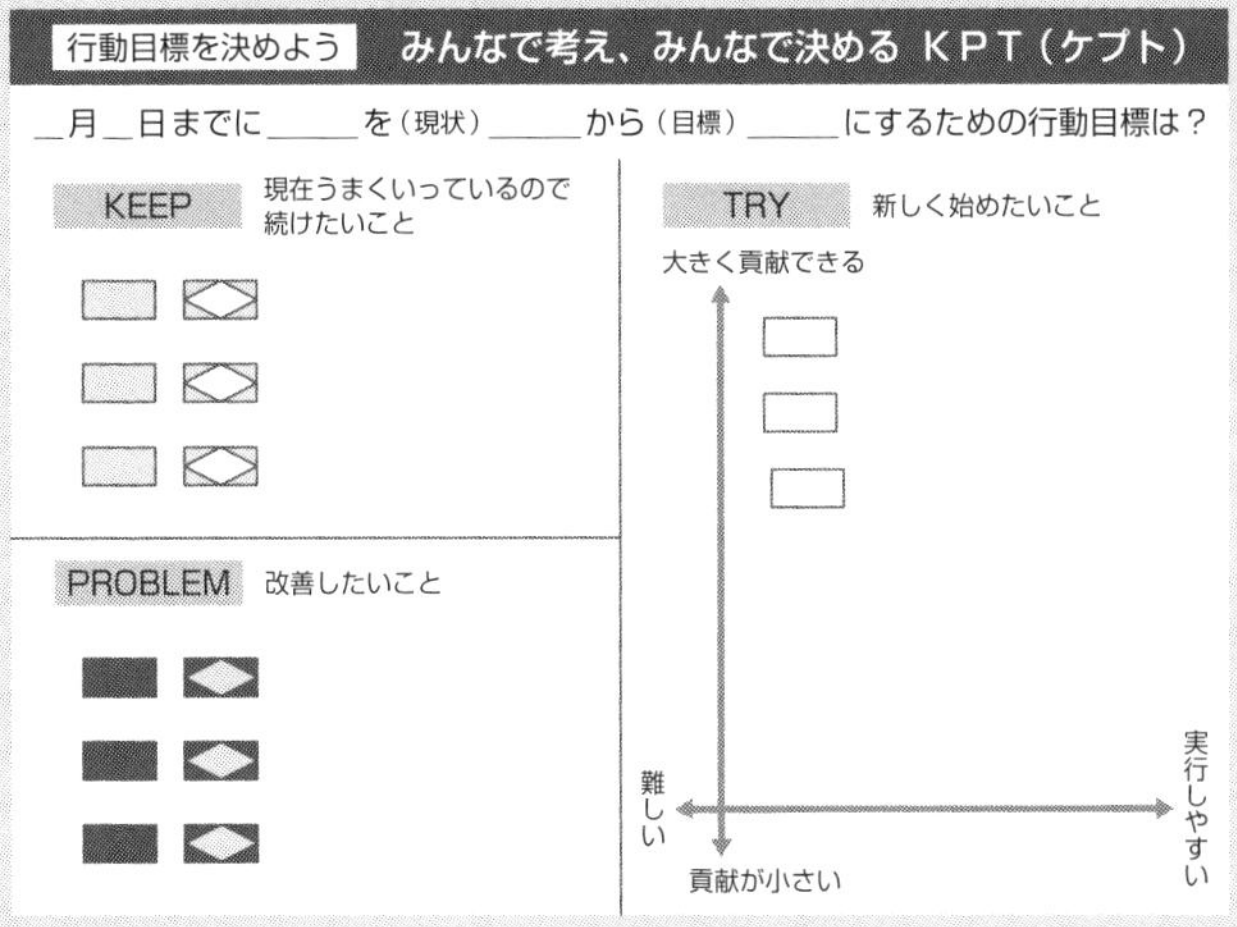
行動目標を決めよう
みんなで考え、みんなで決める KPT（ケプト）
__月__日までに_____を（現状）_____から（目標）_____にするための行動目標は？
KEEP
現在うまくいっているので続けたいこと
PROBLEM
改善したいこと
TRY
新しく始めたいこと
大きく貢献できる
貢献が小さい
難しい
実行しやすい

▼「新しく始めたいこと」エリアにアイデアを集める（3分）

青いフセン、黄色いフセン、白いフセンをすべて「TRY 新しく始めたいこと」エリアに貼り直します。これで新しいアイデアが一覧できるようになりました（図11を参照）。

▼フセンを評価して貼り直す（2分）

「TRY 新しく始めたいこと」エリアに貼られたフセンを、マトリクスの指標に沿ってみんなで評価して貼り直します。そうすると、

図11

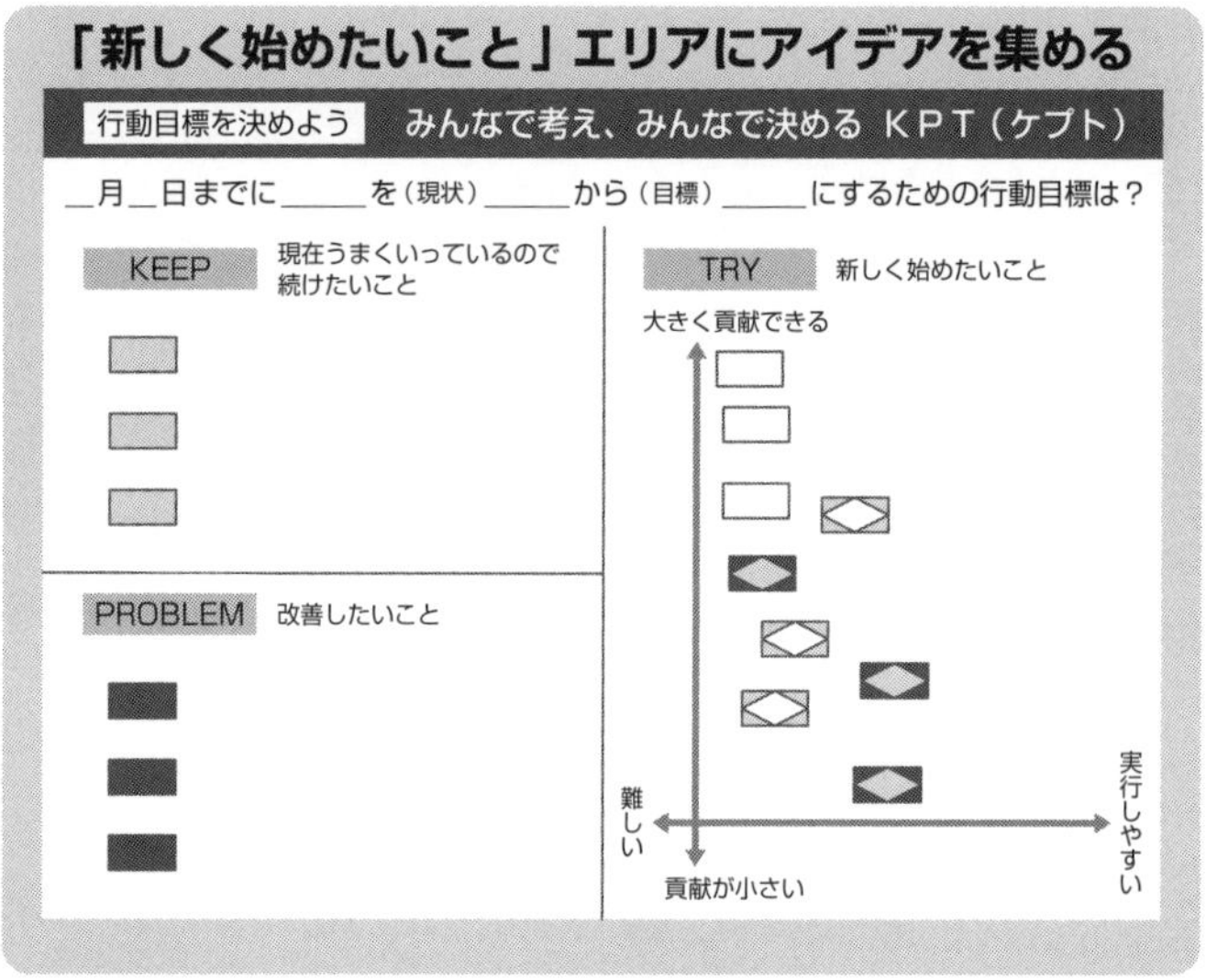

「新しく始めたいこと」エリアにアイデアを集める
行動目標を決めよう
みんなで考え、みんなで決める KPT（ケプト）
__月__日までに_____を（現状）_____から（目標）_____にするための行動目標は？
KEEP
現在うまくいっているので続けたいこと
PROBLEM
改善したいこと
TRY
新しく始めたいこと
大きく貢献できる
貢献が小さい
難しい
実行しやすい

「TRY 新しく始めたいこと」の右上のゾーンに優れた意見のフセンが集まります。

・リーダーの声掛け例

「『TRY 新しく始めたいこと』エリアのフセンを並べ直しましょう。マトリクスの上側が効果が高いもの、右側が効果が早く出せるものです」（図12を参照）

▼投票をし、最も優れたフセンを2枚選ぶ（2分）

貼り直されたフセンをみんなで読み返し、「最も貢献度が高く即

図12

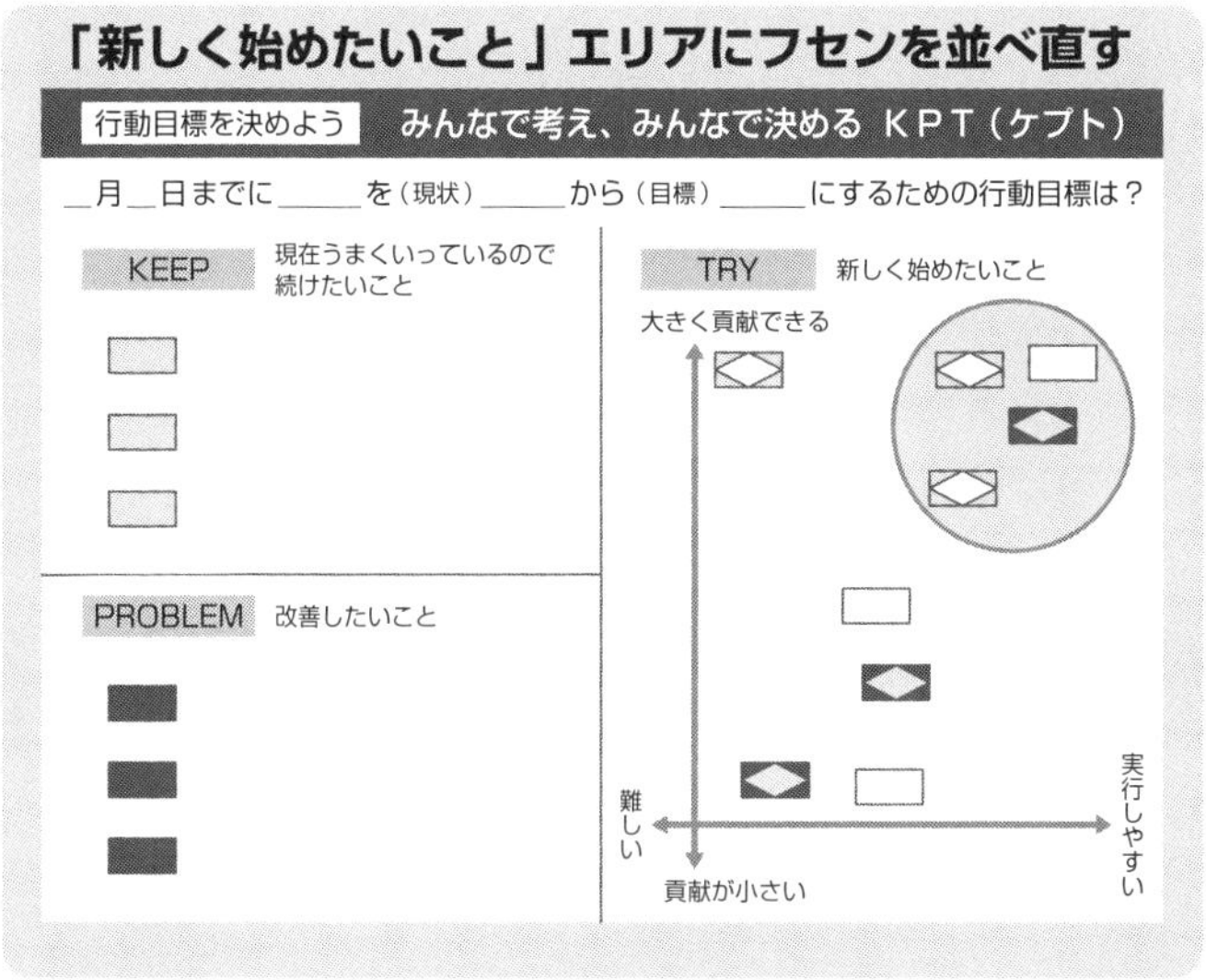
「新しく始めたいこと」エリアにフセンを並べ直す
行動目標を決めよう
みんなで考え、みんなで決める KPT（ケプト）
__月__日までに_____を（現状）_____から（目標）_____にするための行動目標は？
KEEP
現在うまくいっているので続けたいこと
PROBLEM
改善したいこと
TRY
新しく始めたいこと
大きく貢献できる
貢献が小さい
難しい
実行しやすい

効性もあるアイデア」だと思うフセンを1人2枚ずつ選んで投票します。投票の結果、最も票数が多かったフセン2枚を選びます。

・リーダーの声掛け例

「右上のゾーンを中心に、最も効果的なアイデアだと思うフセンを2枚選んでください。選んだフセンに正の字で投票を書き込んでください」（図13を参照）

▼「今週のチーム行動」を完成させる（3分）

投票で選ばれた2枚のフセンの

図13

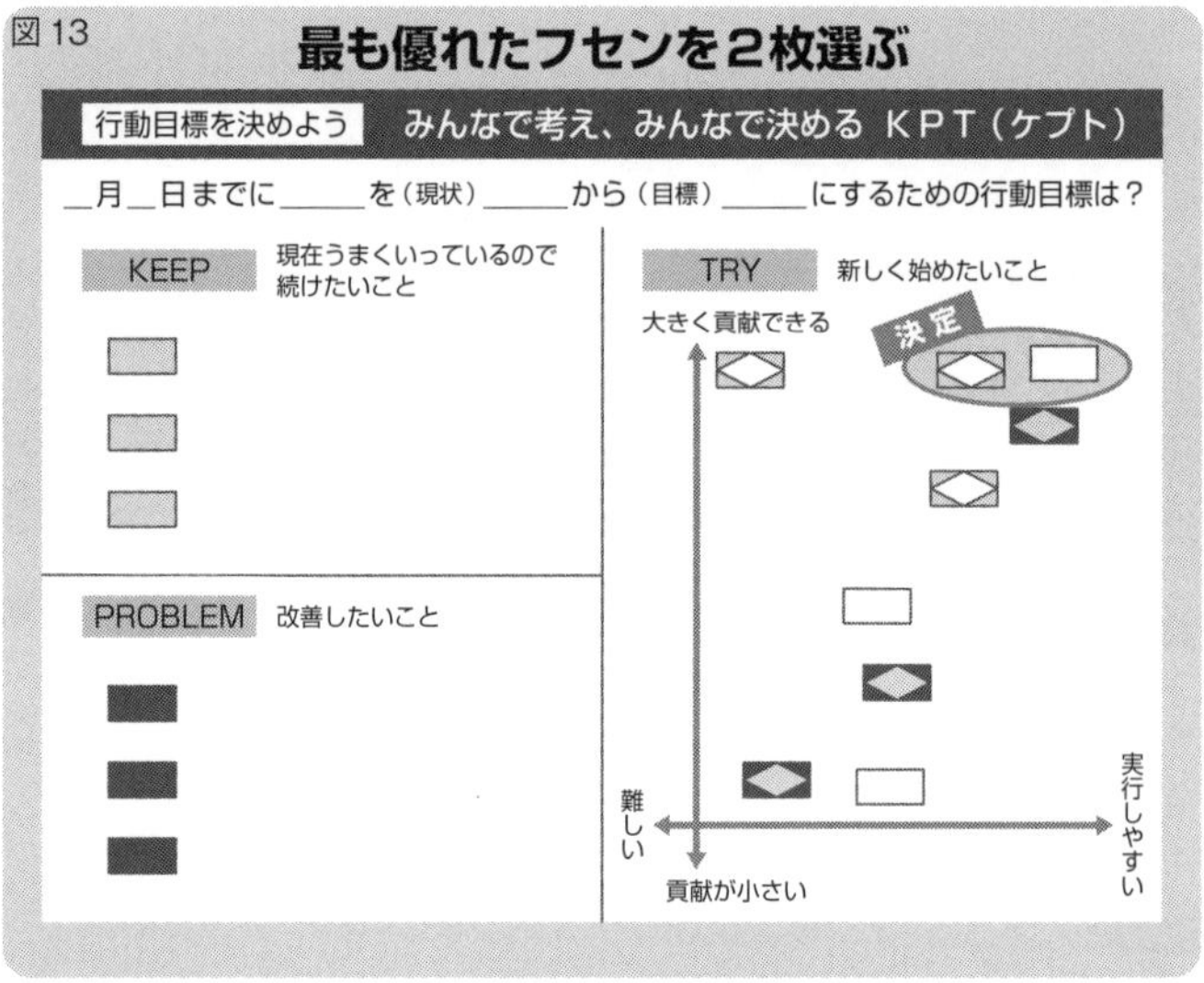
最も優れたフセンを2枚選ぶ
行動目標を決めよう
みんなで考え、みんなで決める KPT（ケプト）
__月__日までに_____を（現状）_____から（目標）_____にするための行動目標は？
KEEP
現在うまくいっているので続けたいこと
PROBLEM
改善したいこと
TRY
新しく始めたいこと
大きく貢献できる
決定
難しい
実行しやすい
貢献が小さい

表現を整え「今週のチーム行動」として書き換えます。

「チーム行動」は、具体的な行動か、行動の結果を数値で客観的に評価できるものになっているかの2点に注意して作成します。

こうして「今週のチーム行動」が2点決まりました！

3 【会議1回目】ステップ②「今週の約束」を宣言する

「今週のチーム行動」が決まったら、次は個人がどのようにアクションするかという「今週の約束」を決めます。

各メンバーが自分で「チーム目標を達成するための最も効果的な取り組み」を決めて仲間に宣言します。

★「スコアシート」を完成させる

A4の「スコアシート」を活用して、チーム行動という大きなくくりを個人の目標に落とし込みます（図14を参照）。

▼「チーム目標」と「今週のチーム行動」を記入する（2分）

シートの（ア）欄に「チーム目標額」を、（イ）欄にステップ①で決めた「今週のチーム行動」を記入します。

・リーダーの声掛け例

「手元のスコアシートに、チーム目標額と今週のチーム行動を転記してくださ い」

▼「今週の約束」を記入する（2分）

シートの（ウ）欄に、「今週の約束」として自分が個人的に起こす行動を書き込みます。

このときの約束内容は、具体的な行動になっているか、行動の結果を数値で客観的に評価できるものであるかの2点を重視しましょう。「今週も頑張ります」といった抽象的なものではダメで、「電話を○件掛けます」「お客さまに新規提案を○件行ないます」といったものが、具体的で客観評価できる約束の内容となります。

「今週のチーム行動」は2つありますが、自分の約束は1つでOKです。

図14 「今週のスコアシート」を完成させる

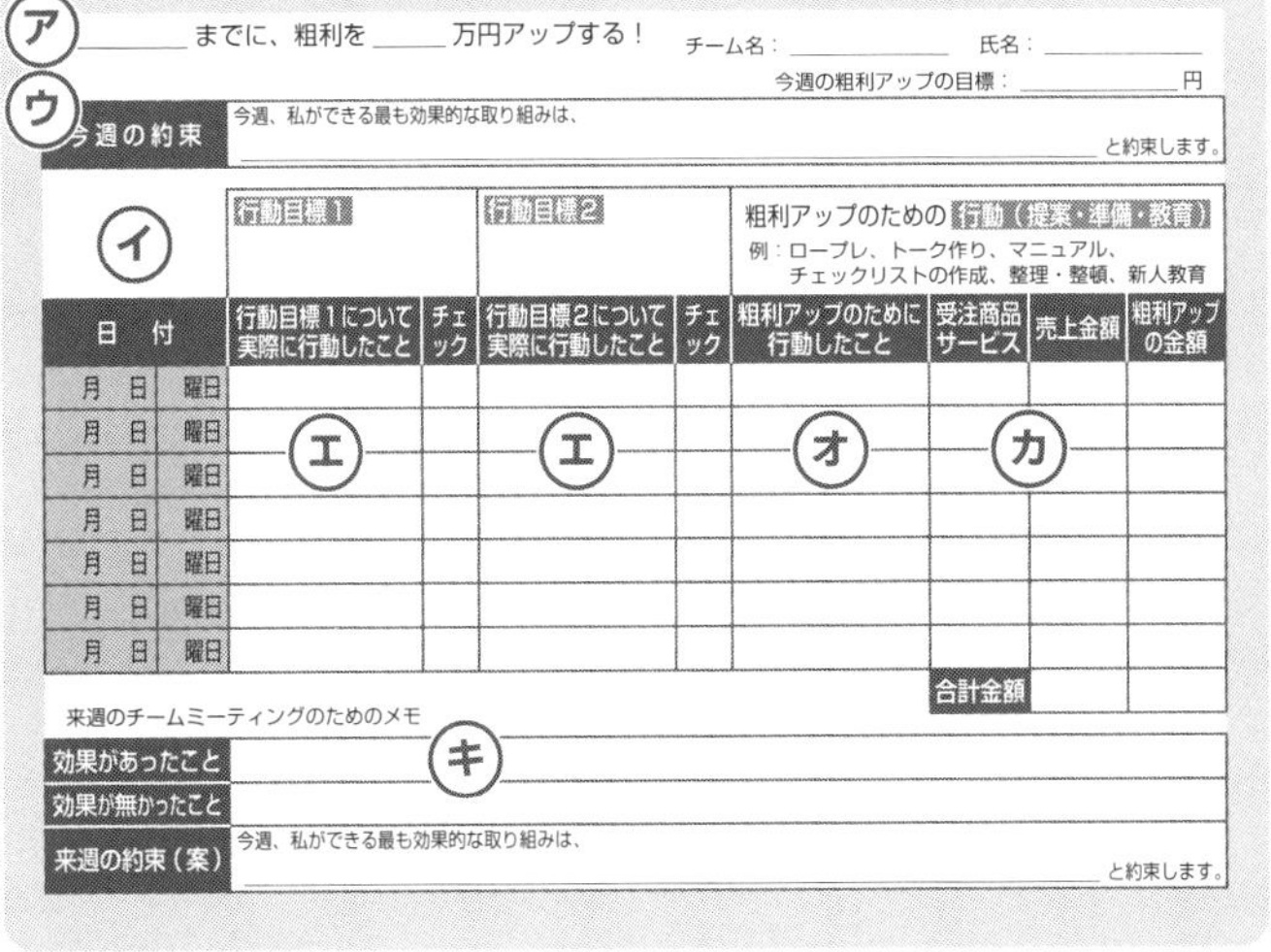

ア
までに、粗利を　万円アップする！
チーム名：
氏名：
今週の粗利アップの目標：　円
ウ
今週の約束
今週、私ができる最も効果的な取り組みは、
と約束します。
イ
行動目標1
行動目標2
粗利アップのための 行動（提案・準備・教育）
例：ロープレ、トーク作り、マニュアル、
チェックリストの作成、整理・整頓、新人教育
日　付
行動目標1について実際に行動したこと
チェック
行動目標2について実際に行動したこと
チェック
粗利アップのために行動したこと
受注商品サービス
売上金額
粗利アップの金額
月　日　曜日
エ
エ
オ
カ
合計金額
来週のチームミーティングのためのメモ
キ
効果があったこと
効果が無かったこと
来週の約束（案）
今週、私ができる最も効果的な取り組みは、
と約束します。

・リーダーの声掛け例

「『今週のチーム行動』を具体化し、今週、自分ができる最も効果的な取り組みを2分で書いてください」

★「今週の約束」を発表する

▼「スコアシート」にまとめた内容を発表する（1人30秒まで）

シートが完成したら、リーダーから1人ずつ起立して自分の「約束」を仲間に発表します。内容が具体的ではなかったり、効果が低そうなものだったりした場合、リーダーは発表者に次のような質問をしつつ、約束の内容を改善してもらいます。

・リーダーの声掛け例

「1人ずつ立ち上がって自分の『今週の約束』を宣言してください」

※内容を深める質問例

・もう少し具体的にいうと？

・さらに効果的な取り組みはありませんか？

・その取り組みを計測できるようにするには？

▼「今週の約束」をカードに転記する（記入30秒）

自分の「今週の約束」を、スコアボード用のカードに転記します。

4

【会議1回目】ステップ③「スコアボード」を完成させる

模造紙でできた「スコアボード」の中身を完成させていきます。これは、みんなの1週間の行動や成果をパッと見て直感的に理解できるよう工夫されたものです。

図15の（A）～（D）の順にボードに書き込みを進めていきます（図15を参照）。

（A）「チーム目標額」と「目標期限」を書き込みます。会議メンバーはこの目標をつねに意識して行動していきます。

図15

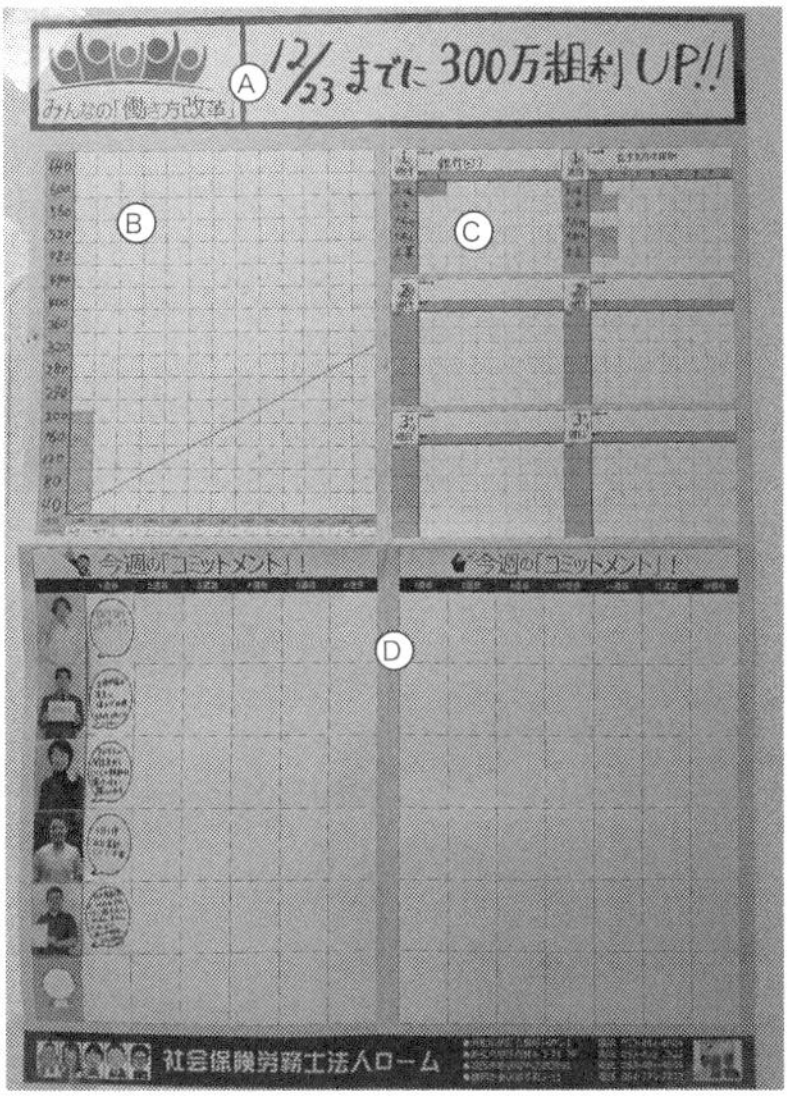

（B）「チーム目標額」の達成グラフです。縦に金額を、横に1週間ごとの日付をとり、あらかじめ赤い点線で目標達成のラインを書き込んでおきます。1週間ごとに、その週の書記が達成度を書き入れます。

（C）「今週のチーム行動」欄です。2つの目標を左右に書き込み、メンバーは、毎日の自分の目標を達成するごとに1コマをマーカーで塗っていきます。塗る欄の1コマの単位は、回数・量・時間数などチームで適宜決めます。ここにもあらかじめ赤い点線で目標達成のラインを書き込んでおきます。

（D）「今週の約束」欄です。メンバーの名前の横に「今週の約束」を転記したカードを貼り、1週間を終えるたびに自分の達成度をマークで描き込みます。

◎：とてもよくできた！

○：できた！

△：今ひとつだった

×：できなかった

5 【会議1回目】ステップ④ 第1回会議のシメを行なう

チーム内でペアを作り、お互いに褒めたり感謝を伝え合ったりします。言葉を惜しんだり照れたりせず、やや大げさだと思えるぐらいに褒めます。褒め合うことで互いのモチベーションが上がり、社風も良くなるので思い切って褒め合いましょう。

・リーダーの声掛け例

「最後に、ペアを作り、お互いの良いところや感謝の念を伝え合いましょう。キチンと声を出して、自分ではオーバーだと思うくらい褒めてください」

▼次回の会議日程を確認する

最後に、次回の会議日程を確認します。「今週の約束」に沿って1人ひとりが行動し、結果が出るまでには、最低でも1週間ぐらいはかかるので、次回の会議は1週間後に行なうのがベストです。

これで第1回の会議は終了です。

6 【行動】ステップ⑤ 実際に行動し、達成度を記録する

次の会議までの1週間は、それぞれが自分の「今週の約束」に基づいて実際に行動します。行動の結果は、図14のスコアシートの（エ）の欄とスコアボードのCエリアに書き込んでいきます。スコアシートの（オ）（カ）欄に、粗利アップの金額なども記入しておきます。

書記はチームの成果をまとめてスコアボードの（B）エリアにグラフで記入します。

図 14

図 15

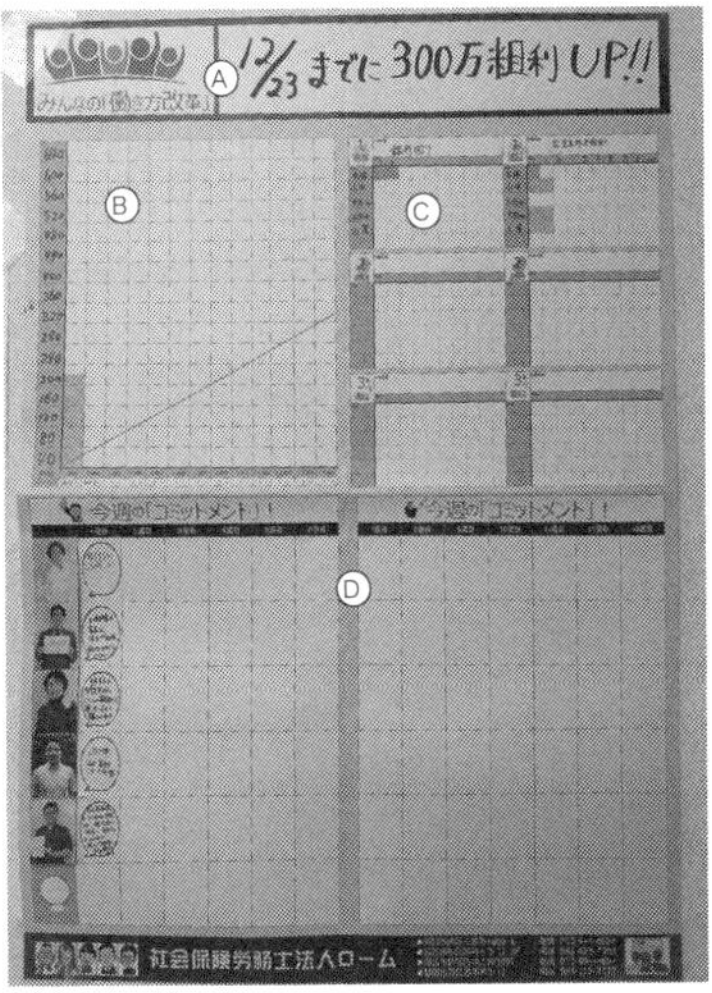

7 【会議2回目】ステップ⑥
第2回会議を開催する

第2回会議を開催し、行動の振り返りと、次の「今週のチーム行動」「今週の約束」を決めます。

1週間経ったら、第2回会議を開催します。

この会議の目的は、1週間の個人行動の効果測定をして、次週も同じ目標を続けるかどうかを判定することです。

★1週間の行動の振り返りを行なう

▼「チーム目標額」の達成率を発表する（1分）

スコアボード（B）エリアの「チーム目標額」の達成グラフをもとに、リーダーから現時点での達成率の発表をします。

・リーダーの声掛け例

「スコアボードを見てみましょう。今週はここまで「チーム目標額」を達成することができました！（拍手）」

▼「約束」の結果を発表する（1人30秒）

リーダーから1人ずつ起立して、1週間の行動の成果を発表していきます。「スコアシート」の結果をメンバーに見せながら（エ）欄の約束の結果を発表します。その際リーダーは、1人ひとりの活躍にスポットライトを当てて褒めます（リーダーが報告するときは、サブリーダーが同様のことを行ないます）。

もしメンバーが約束の内容を実行できていなかった場合、リーダーはメンバーの日頃の努力を認めつつ、次週でどう挽回するかを約束してもらいます。会議にはあくまで前向きな姿勢で臨み、メンバーが思ったように成果を出せていなかった場合も、責めるよりも励ますことを重視しましょう。

・リーダーの声掛け例

「1人ずつ立ち上がって、先週の成果を発表してください。発表が終わったら拍手をしてください」

▼「今週の約束」を達成したメンバーを褒めたたえる

・リーダーの声掛け例

「今週は○○さんが約束を達成することができました。みんなで拍手しましょう！（拍手）」

★次の「今週のチーム行動」「今週の約束」を決める

▼「今週のチーム行動」を決める（KPT（ケプト）簡易版）

2回目の会議では、KPT（ケプト）を簡易版（138ページを参照）で行なうことで会議時間を15分程度に短縮できます。

▼個人行動が、粗利総額アップに効果があったかどうかを検証する（5分）

①粗利総額アップに効果があった行動を「KEEP 現在うまくいっているので続けたいこと」として緑のフセン2枚に書き出す（記入2分）「現状出し」

・リーダーの声掛け例

「1週間を振り返り、粗利総額アップに効果があった行動は緑のフセン2枚に書き出してください」

※アイデア出しではなく、検証の資料として実体験を集めることを意識します。

②KPT（ケプト）の「KEEP 現在うまくいっているので続けたいこと」のエリアにフセンを貼り出す（1分）

③緑のフセンについて簡易版のKPT（ケプト）を行ない、オレンジのフセンに「より効果的な行動」をまとめる。

【簡易版KPT（ケプト）のやり方】

基本版のKPT（ケプト）では、メンバーがそれぞれ自分の意見をフセンに書いていました（ステップ②）。

これに対して簡易版のKPT（ケプト）では、各自でフセンを書く代わりに、リーダーがメンバーに質問を投げかけて意見を深めていきます。メンバーの答えは書記がフセン（オレンジ色）に書き留めます。

リーダーはメンバーの意見にあいまいな点があれば「具体的には？」という問いを繰り返して、意見の中身を明らかにします。同時にみんなが真似できるような内容にかみくだいていきます。

リーダーの質問例は次のとおりです。

・「具体的に、何をやったらうまくいったのか？」
・「どうしてうまくいったんだろうか？」

・「みんなが真似るにはどうしたらいい？」

例えば、緑のフセン（＝ＫＥＥＰ　現在うまくいっているので続けたいこと）に書かれた内容が、「提案・雑談でお客様との関係を良くした」だったとします。

リーダーは、「『提案・雑談で関係を良くした』とありますが、具体的にどんな行動をとったのか教えてください」などとそのフセンを書いたメンバーに質問をします。

メンバーの回答が、「雑談のなかで、『今、お仕事のご様子はいかがですか。何かお困りのことはありませんか』と聞いてみました。その結果、悩みをご相談いただくことができ、頼りになったと喜ばれました」だとすれば、書記はオレンジのフセンに、その発言を整理し、「雑談では『今、何かお困りのことはありませんか』と現状を質問した」と記入します。

④オレンジのフセンに書き出された「より効果的な行動」をもとに、前回の「今週のチーム行動」を今週も続けるか、別の案を採用するかをみんなで話し合う（2分）

検証の結果、現在の「今週のチーム行動」が成果を出しているようであれば変える必要はありません。良い行動は続ければ続けるほど洗練され、結果が出るので、1カ月間は同じ行動目標を継続するほうが良いからです。ですが、良い結果が出ていない場合は変更しましょう。

新しい行動目標を選ぶときは、第1回会議のKPT（ケプト）で選から漏れた〝2軍フセン〟のなかから選びます。KPT（ケプト）の基本バージョンで綿密に練った成果なので、このフセンを再利用すれば無駄がありません。

▼「今週の約束」を行なう（前回同様）

第1回会議と同様に、「スコアシート」に「今週の約束」を記入し、1人ずつ発表し、「スコアボード」に転記します。

▼第2回会議のシメを行なう（前回同様）

第1回会議と同様に「ペアを作って褒め合う」「次回の会議日程の確認」を行ないます。

以上で第2回会議は終了です。お疲れさまでした。

ここまで、1回目の会議で行動目標を固め、2回目の会議で検証と改善を行ないました。

★第3週以降の流れ（図16を参照）

第3週以降はステップ⑤とステップ⑥を繰り返し、粗利総額アップにつながる行動を磨き上げていきます。

3カ月経ったら、社長は「チーム目標額」を再設定します。そしてまた同様に

図 16

「ぐるぐるふせん会議」　実施スパン

	社長		社員		
行程	「大テーマは粗利」と決定	職種ごとの「作戦方針」の決定	「チーム目標額」の決定	「ぐるぐるふせん会議」の開催	「今週のチーム行動」の決定
実施スパン	永続的に固定	基本は固定（改善案があれば変更）	3カ月ごとに更新	毎週開催	1カ月継続（成果が出なければ月の途中でも変更）
1か月目1週	決定	初回分決定	初回分決定	「基本版」のKPT実施	初回決定。
1か月目2週				「簡易版」のKPT実施	
1か月目3週					
1か月目4週					
2カ月目1週					更新
2カ月目2週					
2カ月目3週				簡易版のKPTを継続	
2カ月目4週					
3カ月目1週					更新
3カ月目2週					
3カ月目3週					
3カ月目4週					
4カ月目1週			更新		更新
4カ月目2週					
4カ月目3週					
4カ月目4週					

会議と行動を繰り返していきます。

　会議に参加したメンバーたちは、自ら考え発見していくステップを繰り返し体験したことで、粗利アップにつながる具体的な行動を発見するコツをつかみ始めてきたはずです。

「ぐるぐるフセン会議」は続ければ続けるほど効果が高まっていきますので、終わりを決めずにできるだけ長期間続けてみてください。

第６章

「ぐるぐるフセン会議」Q＆A

Q1

開催サイクルは?

Q 「会議の開催は1週間ごと」とありましたが、忙しい時期などは不定期に行なってもよいでしょうか。

A 必ず、1週間ごとの開催サイクルをキープしてください。

「ぐるぐるフセン会議」は、会議を一定のリズムで繰り返していくことで、反復トレーニングとしての効果を高めていきます。取り組みを継続しやすくするためには、会議を日常業務のルーティンのなかに組み込んでしまうのが効果的です。

そのため、会議の設定は、毎週同じ曜日、同じ時間、同じ場所にしてください。

会議のリズムを崩してはいけません。一度会議をやめるとあっという間にサイクルは崩壊し、日常の忙しさに流されてしまうので、欠席者がいても会議は実行します。欠席者にはあとで内容を共有すれば大丈夫ですので、まずはペースを作りましょう。

Q2

意見の取りこぼしを防ぐには？

Q　書記を務める際に、みんなの意見をフセンにうまく書き留められません。取りこぼしを防ぐためにはどうすればよいでしょう。

A　スピードと、内容の両面から解決しましょう。

書記がみんなの意見を書き留められない理由は、スピードの問題と、内容の問題という2つの原因があります。単にスピードが追いつかないのであれば、気軽にストップをかけて周囲に待ってもらう、書記を複数設ける、他の係にヘルプに入ってもらって一緒に書くといった方法でカバーできます。

一方、内容の理解が追いつかずにとりこぼしてしまう場合は、「文章の要点をつかんで簡潔にまとめる」ことを意識すると、徐々にピントの合ったフセンを書けるようになっていきます。一見当たり前に思える意見も聞き流さず、ていねいに書き取るようにしましょう。会話に参加すると手がお留守になってしまうパターンも多いようですので、つねに「書き取る」ことを意識しておくことで次第に対応できるようになります。

Q3 声掛けのタイミングは？

Q タイムキーパーは会議中に時間を計ってみんなに知らせますが、声掛けに適したタイミングなどはありますか。

A 作業時間が2分間なら、声掛けは4回行ないます。

仮に作業時間が2分間であれば、タイムキーパーは「2分スタート」「残り1分」「残り30秒」「終了！」と4回程度、声掛けをするぐらいがちょうどよいと思います。

また、タイムキーパーが声掛けをするときのコツは、カウントダウンをしないことです。終了時間に近づくと、つい「10、9、8、7……」とカウントダウンをしたくなりますが、締切間際に集中して意見をまとめる人もいますので、カウントダウンをしても焦らせるだけで良いことはありません。落ち着いて時間をお知らせしましょう。

なお時間を計るときは、スマートフォンなどで代用するのではなく、ちゃんとキッチンタイマーを使うと気軽に時間を計る習慣が身に付きます。安いもので充分ですので、ぜひキッチンタイマーを用意してください。

Q4

タイムキーパーの役割は?

Q　タイムキーパーについて、会議中に時間を計ること以外にも役割があれば教えてください。

A　時間どおりに発表できない人をリードするのもタイムキーパーの仕事です。

タイムキーパーは、会議が予定時間どおりに進行するように管理するのが仕事です。

そのため、会議中に自分の持ち時間を越えてだらだらと話してしまうような人には、意見をコンパクトにまとめられるよう釘をさすのも仕事です。

注意することと褒めることをセットにすることでリーダーシップは発揮されますので、話の長いメンバーに対しては「次回は事前に発表内容を考えておいてください」「こうしたら簡潔に話せるのでは」とヘルプし、次回に時間どおりに意見を発表できたら「今日はスムーズでしたね。さすが！」と褒めるところまでがセットです。

会議の時間に関わるようなことはタイムキーパーの管轄なので、タイムキーパーは日頃から重要な役目を果たす係なのです。

Q5

「ぐるぐるフセン会議」の継続期間は？

Q 「ぐるぐるフセン会議」自体の継続期間や、「今週のチーム行動」の継続期間に上限はありますか。

A 「ぐるぐるフセン会議」は続け、「今週のチーム行動」は最長1カ月で更新を。

「ぐるぐるフセン会議」のテーマは企業の命綱である「粗利総額アップ」ですので、ゴールは設けずに日常業務のルーティンに組み込んでいつまでも続けてください。

「ぐるぐるフセン会議」は反復トレーニングとして社員の力を伸ばしますので、続ければ続けるほど効果が高まっていきます。

「今週のチーム行動」は、最長1カ月ごとに更新していくとよいでしょう。「今週のチーム行動」がうまくいっている場合は、内容を変えずに続けたほうが、効果が高まっていくのですが、あまりに長い期間同じことを続けているとメンバーが飽きてしまいます。ですので、継続期間が1カ月を越えたら行動目標を変えましょう。

Q6 意見を出せない人がいる場合は？

Q キッチンタイマーで計っていても、意見を出せない人がいる場合はどうすればよいでしょうか。待っていると会議が滞ってしまいます。

A いったん時間で締め切り、次週に再トライしてもらいます。

会議をしていると、時にはうまく意見をまとめられず、その場で発表できない人もいます。そういった場合もその人に合わせて時間を延長することはしません。規定の時間で締め切り、また次週に発表してもらいます。

意見がまとめられなかったときには、次週までの宿題としてメモで意見をまとめてもらうようにします。次週はそのメモの内容をフセンに書いたり、発表したりすればよいので問題なく流れに追いつくことができます。

この「来週があるから焦らなくても大丈夫」という雰囲気も、「ぐるぐるフセン会議」が気軽に取り組みやすい理由の1つです。

Q7

「スコアボード」をより効果的に活用するには？

Q 「スコアボード」をより効果的なものにするためのコツはありますか。

A ビジュアルをフルに活かすことで、さらに効果がアップします。

「スコアボード」は1人ひとりが自分の手を動かして書き込むことで愛着が湧き、目標達成への意識も高まります。愛着をアップするコツとしては、ボードをつねに目につく場所に掲示する、メンバーの名前とともに似顔絵や写真も一緒に貼るというものがあります。

心理学には「単純接触効果」という用語があります。これは、同じ相手を目にする回数が増えるほど、相手に対する好感度も上がるという作用のこと。メンバーの顔写真を貼るとチームや活動に愛着がアップするというのもこの効果によるものです。なおわが社ではこの効果に注目して、企業サイトや名刺にも似顔絵を活用しています。

Q8

KPTでフセン出しをするときのコツは？

Q　KPT（ケプト）でフセン出しをするときに、現状を書き出す場面でも、つい「アイデア」を書いてしまいがちです。

A　実体験を引き出すには、「○○した」と過去形で書くのがコツ。

会議では、一般に何か目新しいことやオリジナルの意見を発表すべき、という先入観が持たれがちです。ですが「ぐるぐるフセン会議」が大切にしているのは、まず現状の冷静な観察であり、そのうえで最も有利な行動を残していくという発想です。

まずはその点を充分にメンバーに説明しましょう。

そのうえで、フセン出しのテクニックとしては、フセンに書き出す文章の末尾を「○○した」と過去形で書くというのがコツです。文章を過去形にすることで、自然と、実際に起きた出来事＝実体験しか書けなくなるのです。

Q9 粗利総額を増やすことの重要さを伝えるには？

Q 社員に、粗利総額を増やすことの重要さを伝えても、なかなか伝わりません。実感を持ってもらうにはどうすればよいでしょうか。

A 時には第三者による客観的な意見を取り入れるのも効果的です。

社風改善を進めようというときに、社長が理想を語ってもなかなか社員がついてこないというケースは多いものです。それまでそういった取り組みを行なってこなかったから社員が戸惑うという理由が1つ。それから、どこか「身内」の話は響きにくいということが実態としてあります。ところが同じ内容であっても、外部の講師やコンサルタントという第三者から説明されると、途端に社員は「ハッ」とすることがあります。ですので、社員に目を覚ましてもらうには第三者の手を借りるのも有効です。

しかしこのとき、社長は絶対にその場にいないとダメです。なぜなら、社風改善という大きな決意の場に社長がいないと信ぴょう性が弱まるからです。あくまで改革の主体は社長、コンサルタントはそのアシストという枠組みで進めていくことが大切です。

Q 10
きちんとできなくても大丈夫ですか？

Q 「ぐるぐるフセン会議」を始めてみたいのですが、本のようにきちんとできるか不安です。

A 完璧にこなさなくても効果は充分に出ます。手軽に始めて続けることが大切。

「ぐるぐるフセン会議」で大切なのは、「完璧でなくてもよいので、会議を継続していくこと」です。

本書では見本用に理想的な例を挙げていますが、私がセミナーを行なっている会社でも最初はなかなかお手本どおりには進みません。ですが流れを意識して会議に参加するだけでも社員の行動が変わります。「初めてお客さまに現状を伺ってみた」「値上げ交渉にトライしてみた」という変化が出てくるので、実はそれだけでも一発で利益が上がり始めます。実際にそれで粗利総額が1000万円以上アップしたという企業がたくさんあります。まずは目標値や細かい点などはあまり気にせず、気軽に始めてみてください。

Q 11

生産性を上げるためのヒントは？

Q　会社の生産性をアップして、会社の環境を良くしたいと思います。4章の内容以外にも、生産性を上げるためのヒントがあれば教えてください。

A　日常のムダを省く、イレギュラーを減らすという2つの取り組みが効果的。

生産性とは、従業員1人あたり粗利益のことです。1時間あたりの生産性をアップすれば、労働時間を減らしながらも賃金を上げることができ、労働環境が改善されますので、ぜひトライしていただきたいと思います。

生産性を上げるためには、まず仕事の中身を見直して日常的に発生しているムダを減らしていきます。左記の例をヒントに、仕事内容を洗い出して、ムダを検証してみてください。

・赤字になっている商品や取引先はないか
・利益の割に人手が掛かっている仕事や取引先はないか
・豪華すぎるサービスはないか（受付嬢を廃止しインターフォン呼び出しに変更）
・やめても支障が少なそうな社内業務はないか（社内向けの報告書、長すぎる会議）
・機械化、IT化できそうな仕事はないか（ロボット導入、オンラインでの受注管理）
・アウトソーシングできる仕事はないか（クラウドサービスを利用しての勤怠管理）
・お客さま自身にやっていただけそうな仕事はないか（セルフレジ、家具の組立キット販売、飲食店での券売機）
・手順を決めていないから作業にブレのある仕事はないか
・マニュアルや教育が整っていないから、習熟に時間が掛かっている仕事はな

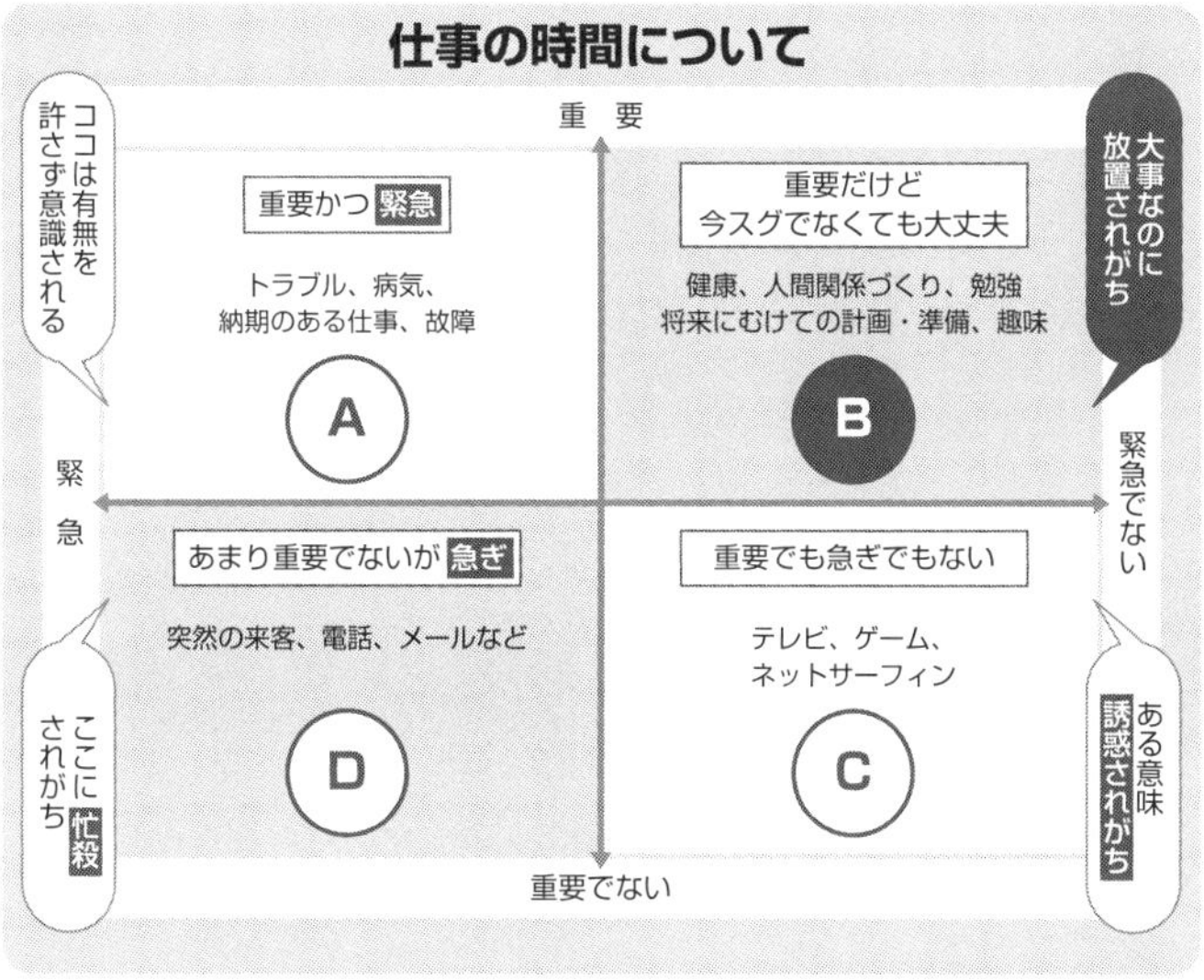
仕事の時間について
重要
重要でない
緊急
緊急でない
重要かつ緊急
トラブル、病気、
納期のある仕事、故障
A
重要だけど
今スグでなくても大丈夫
健康、人間関係づくり、勉強
将来にむけての計画・準備、趣味
B
あまり重要でないが急ぎ
突然の来客、電話、メールなど
D
重要でも急ぎでもない
テレビ、ゲーム、
ネットサーフィン
C
ココは有無を許さず意識される
大事なのに放置されがち
ここに忙殺されがち
ある意味誘惑されがち

いか

生産性を上げる取り組みの2つ目としては、イレギュラー発生につながりそうな要素を事前に減らしておくことをおすすめします。

上の図〔仕事の時間について〕をご覧ください。

労働時間のなかで、（B）の通常業務の占める割合が多い状態が、会社が健全に動いている状態となります。ですが（A）のイレギュラーが発生すると人手が必要になって通常業務も滞ってしまい、リカバリーにも時間が掛かるので仕事全体の効率が大きく落ちます。

1つひとつのイレギュラーは少なくても、積み重なると職場の集中力が失われ、最悪のケースでは事故の発生につながることもありますので、事前に予防策を考えておき、（A）のイレギュラー対応そのものをできるだけ減らす工夫をしましょう。

（A）のイレギュラー業務を減らすと現在の業務効率が上がるだけでなく（B）に割く時間的、人的余裕が生まれます。その結果、ますます業務内容が改善するという良い循環が生まれていきます。

Q 12

続けていくためのポイントと対策は？

Q 「ぐるぐるフセン会議」を続けていくうえで、つまずきやすいポイントと、その対策方法を教えてください。

A　つまずきのきっかけは「ボードを塗るのをサボってしまう」こと。質問と褒め言葉をセットにしてメンバーをリードしましょう。

「ぐるぐるフセン会議」では、メンバーは毎日「今週の約束」の行動を実行できたら「スコアボード」の表に、マーカーで1コマずつ色を塗っていきます。これが毎日塗られるようになると成果が1日ずつ積み上がっていくわけですから、目に見えてチームの活気が違ってきます。

ところが、なかには「コマを塗る」ことを後回しにしてサボってしまうチームもあります。そうすると、達成度が目に見えにくくなり、行動にもメリハリがなくなって会議そのものが尻すぼみになってしまいがちです。

こういったメンバーのサボりを防ぐには「毎日、退社直前にコマを塗ること」のように時間を決めてしまうと良いと思います。スコアボードの管理は書記の仕事なので、チームメンバーがちゃんとボードを塗っているか、行動できているかもチェックします。

ボードが塗られていない場合には催促をするのですが、これにもコツがあります。頭ごなしに「ボードを塗ってください！」と直球を投げるのではなく、質問を積み重ねることで相手自身から解決策を引き出すのです。

昨日の分が塗られていなかったら、まず「○○さん、ボードはどうしたの？」と理由を聞きます。そこで「忙しかったので〝今週の行動〟ができませんでした」と返事があったら、まずは否定せず「忙しかったんだね」と受け止めます。それから「次はどうすれば行動できると思う？」「いつまでにできそう？」と質問し、本人の意志で改善策や締切を決めてもらいます。

このようにリードする側が、事情を質問→受け止め→改善策を質問という形で導いていくことで、メンバーは能動的に物事を解決できるようになっていきます。

その後は「塗ってくれてありがとう」「さすが対応が早いですね」と褒めます。「質問」「褒める」のセットでメンバーのやる気を引き出すのもリーダーシップを発揮する方法の1つです。

Q13 メンバーをうまく褒めるコツは？

Q メンバーをなかなかうまく褒められません。何かコツはありますか。また、そもそも褒めることにはどういう意味があるのでしょうか。

A 褒めることに慣れない場合は、「ありがとう」の練習から始めても。

「ぐるぐるフセン会議」では、毎回の会議終了時に「メンバー同士でペアを作り褒め合う」という作業があります。しかもただ褒めるだけではなく、少しオーバーなほど〝褒めまくる〟ことを推奨しています。

なぜこのようなステップをわざわざ入れたのでしょうか。それは、社員同士が褒め合うほど会社が儲かるからです。

人間は褒められたり認められたりすると、自信が生まれてモチベーションがアップしますし、褒められた行動を続けようとします。褒められると行動する、行動したことで感謝され、さらに褒められるというサイクルが生まれて良い行動は習慣化していきます。「ぐるぐるフセン会議」では増収につながる行動が習慣化されていくのです。

「ぐるぐるフセン会議」では、会議の終了時以外にも機会を作ってお互いに褒め合います。特にリーダーは、メンバーが目標をクリアしたら褒める、書記やタイムキーパーなど他の係がきちんとリーダーシップを発揮していたら褒めるなど、褒めることも大きな仕事です。メンバーは、褒め合い、認め合うことで「今週の約束」の行動も頑張れますし、スコアボードもサボらずきちんと塗るようになります。

さらに、人間は褒めてくれた相手に好感を持つので、お互いに協力し合う社風が育ち、風通しが良くなります。誰かを褒める習慣が身に付くと、お客さまとの会話もスムーズになり、取引先との関係が良くなります。

ですが、多くの日本人、特に男性は褒めることが苦手です。自身も褒められることが少ない環境で育ってきたので、いざというときにも照れくさくて口に出せません。

そのため、「ぐるぐるフセン会議」では褒め行動に慣れる訓練として意識的に「褒めまくる」ステップを入れているのです。実際にやってみるとわかりますが、褒めることに慣れるまでは意外に時間が掛かります。

私が社外セミナーを行なう場合、受講生が慣れるまではひたすら私が褒め、受講生はそれを真似して少しずつできるようになっていきます。私のコンサルが効果があるのは、私自身がまずお手本として褒めまくり、受講生のモチベーションのエンジンを掛けるからです。いったん褒め行動が定着すれば、その後も効果は持続します。

社内で褒めるためのスキルを磨く場合は、まずは社長自らが褒めることを意識することです。トップが変われば会社全体が変わります。

それでも照れてしまう社員には、「褒め行動は増収策である」ことを根気よく伝えていきましょう。個人の好みの問題ではなく、業務として取り組むべき課題であることが理解できれば、褒めることへ抵抗感が減ってキチンと声を出せるようになります。

褒めるのに慣れていない場合は、さらなるコツとしてまず「ありがとう」のトレーニングから始める方法もあります。やり方はごくシンプルで、毎日「ありがとう」と声に出して言った回数を正の字でカウントしていくのです。

誰かに何かをしてもらったときは「ありがとう」と言うのが当然ですが、実際は職場で「ありがとう」が交わされる回数は意外なほど少ないものです。その理由は、「内心は感謝していても、声に出す習慣がない」ことが多いからです。しかし「ありがとう」と声に出して言えるようになると、驚くほど社風が良くなります。人間関係が前向きになるだけでなく、業務上で必要な声掛けもしやすくなり生産性がアップします。

私がコンサルを行なうときでも、コミュニケーションスキルが不足している会社では実際に「ありがとう」のトレーニングから始める場合もあります。

社風は会社運営の基本であり、樹木でいえば根っこに当たります。そこがしっかりと整って初めて、さまざまな営業施策が効果を発揮できます。そのため、「粗利総額アップ」を始める前に「ありがとう」のトレーニングを行なっておくと、その後の成長が格段に早まるのです。

「褒める、感謝する」スキルは、会社の労働環境を改善し、取引先と良い関係を築くための第一歩です。どれも繰り返し練習して体に覚え込ませることで、お客さまの前に出ても自然に好感度の高い振る舞いができるようになります。

第７章

粗利が驚異的に伸びた４社の実例

実例1

住宅用材木メーカー　A社

老舗材木店が「粗利意識」を取り入れたら目標額130％達成！
「ぐるぐるフセン会議」で受注率も楽しくアップ

◎会社概要と「ぐるぐるフセン会議」導入前の課題

社員数約20名の建築資材メーカーです。

住宅の柱や梁《はり》などに使えるよう材木をプレカット製材と呼ばれる形に整えて工務店に納めるのが主な業務内容です。創業から半世紀以上という歴史のある会社ですが、二代目社長を筆頭に社内は進取の気性に満ち、ＳＮＳの活用やデジタル技術の導入にも積極的です。

その一方で、昔ながらの人とのつながりも大切にし、地元の大工さんや工務店を応援しています。住宅展示イベントなども積極的に行なってはさまざまな会社と縁を取り結び、地域の中心的存在ともいえる会社です。

社内はやる気にあふれ、業績アップの意欲も高いのですが、一方で「業績アップに向けて具体的にどう行動すればよいかがわからない」という悩みがありました。効率アップも希望しているものの、建築スケジュールが社内で共有されていないために納品計画が立てられなかったりするそうです。また、お客さまに質問したり新たな提案をしたりすることが少ないという点も気になっていました。

そこで「ぐるぐるフセン会議」では、今社内で実際に行なわれているどんな行動がうまくいっているかを探してもらうことにしました。成功パターンを発見できれば、あとはみんなでそれをマネすればいいのです。これがKPT（ケプト）の基本的な考えです。

◎実際の進行

A社では営業部メンバーが「ぐるぐるフセン会議」研修に参加しました。営業部は直接お客さまに接して価格交渉できる部署ですから、粗利総額アップの基本戦略としては、最も効率良く粗利をアップできる「売価上げ」を選びます。

A社はもともと対人営業を大切にしており、お客さまのもとにこまめに通う文化があります。そのため、営業トークのスキルを磨きさえすれば、価格交渉を有利に進められるような下地がすでにできているのです。その点をふまえて、「ぐるぐるフセン会議」では粗利総額アップに直結するようなトーク力をアップすることも意識しました。チーム目標額は「3カ月で粗利3060万円確保！」としました。

以上で基本方針が決まりましたので、「ぐるぐるフセン会議」メンバーはこの流れに沿って会議を進めていきます。

◎実際のフセン

こちらがA社のKPT（ケプト）で書かれた実際のフセンの内容です。

現状出し
（KEEP　現在うまくいっているので続けたいこと）
・クロージング（注：住宅を建築するときの最終契約締結）がいつか確認する
（PROBLEM　改善したいこと）
・大きな案件について、見積もりの提出がなく進行が確認できなかった
・失注があった
↓
アイデア出し（TRY　新しく始めたいこと）
1．クロージングのスケジュール確認
2．最近1カ月以内の失注原因を検証
↓
今週のチーム行動
1．クロージングの決定時期を確認する
2．失注原因を探る（過去分もOK）

KPT（ケプト）の現状出し作業（KEEP 現在うまくいっているので続けたいこと／PROBLEM 改善したいこと）では、KEEP 現在うまくいっているので続けたいことに《クロージングがいつか確認する》、PROBLEM 新しく始めたいことに《大きな案件について、見積もりの提出がなく確認できなかった》という意見が出ましたが、実はこの2件は同じ状況を示しています。社内で進行スケジュールを共有することが重要だということです。

A社のようなプレカット製材の販売の仕事は、住宅建築という大きな流れの起点に当たるため、クロージングから逆算して前倒しで作業を進めておかないと木材の納品が間に合いません。

業績をアップするには収支の把握をしておくことが欠かせませんが、どういった案件が動いていて粗利はいくらかを明確にするためにも、みんなで建築スケジュールを共有しておくことが大切なのです。

現状出しの作業を通じて、このことがメンバーで共有できたので、アイデア出し作業（TRY 新しく始めたいこと）では《クロージングのスケジュール確認》

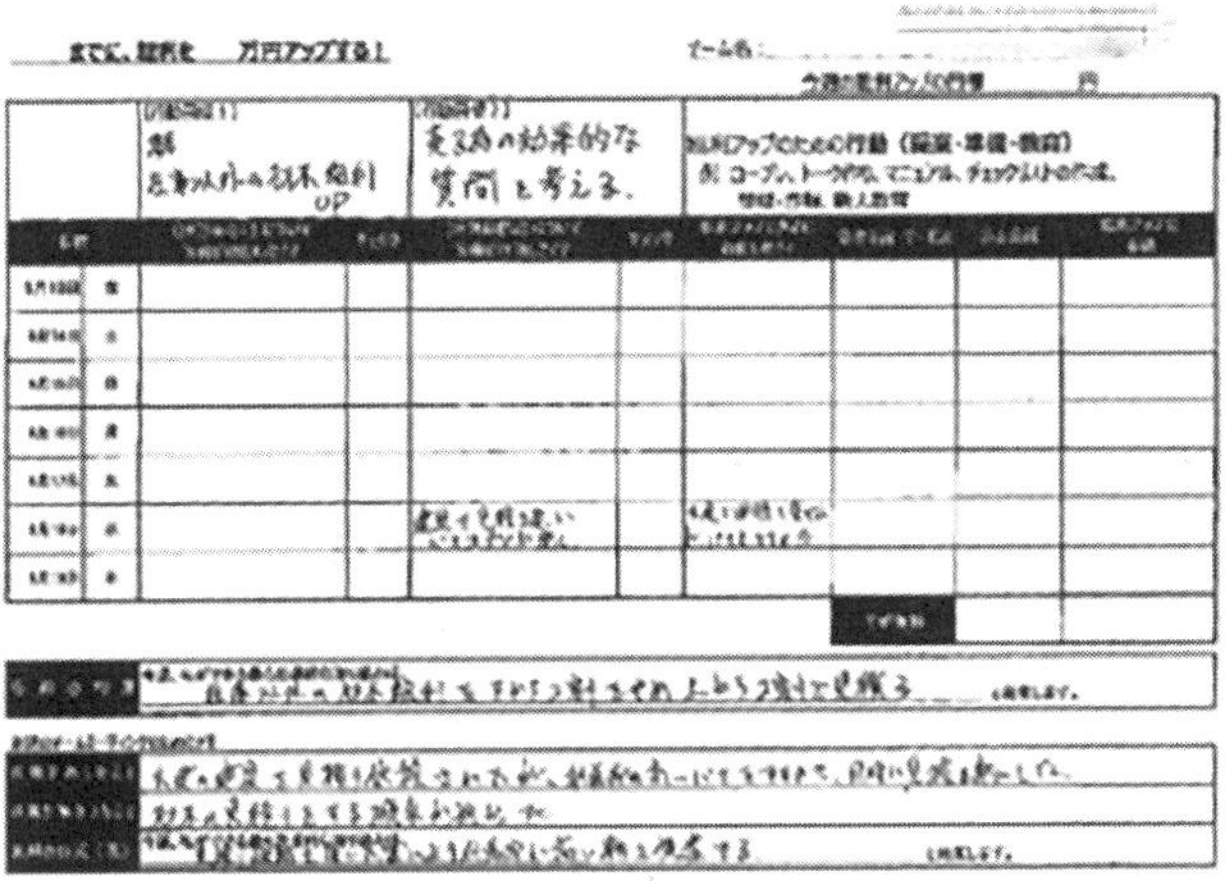

実際のＡさんのスコアシート

というフセンにまとめることができました。

また、PROBLEM 改善したいことでは《失注があった》という問題点も発見できました。この発見を活かしTRY 新しく始めたいことでは《最近1カ月以内の失注原因を検証》とまとめることができました。

TRY 新しく始めたいこととしてまとめられた2枚のフセン《クロージングのスケジュール確認》《最近1カ月以内の失注原因を検証》は文章を整理し、「今週のチーム行動」として、

《クロージングの決定時期を確認する》

《失注原因を探る（過去分もOK）》

と決定しました。

この2つの「今週のチーム行動」に基づき、メンバーのAさんは1週間、「今週の約束」を行ないました。

《クロージングの決定時期を確認する》について、Aさんは自分の「今週の約束」を「クロージングの決定時期を週に3件確認します」と決めたので、実際に3社分を実施しました。《失注原因を探る（過去分もＯＫ）》については2社分実施できました。

「今週の約束」を通じ、Aさんは「失注原因を確認したことで顧客の好みを把握できた」という学びを得られたそうです。


A社の実際の達成ボード。ぐんぐんと数字が伸びていることがわかる

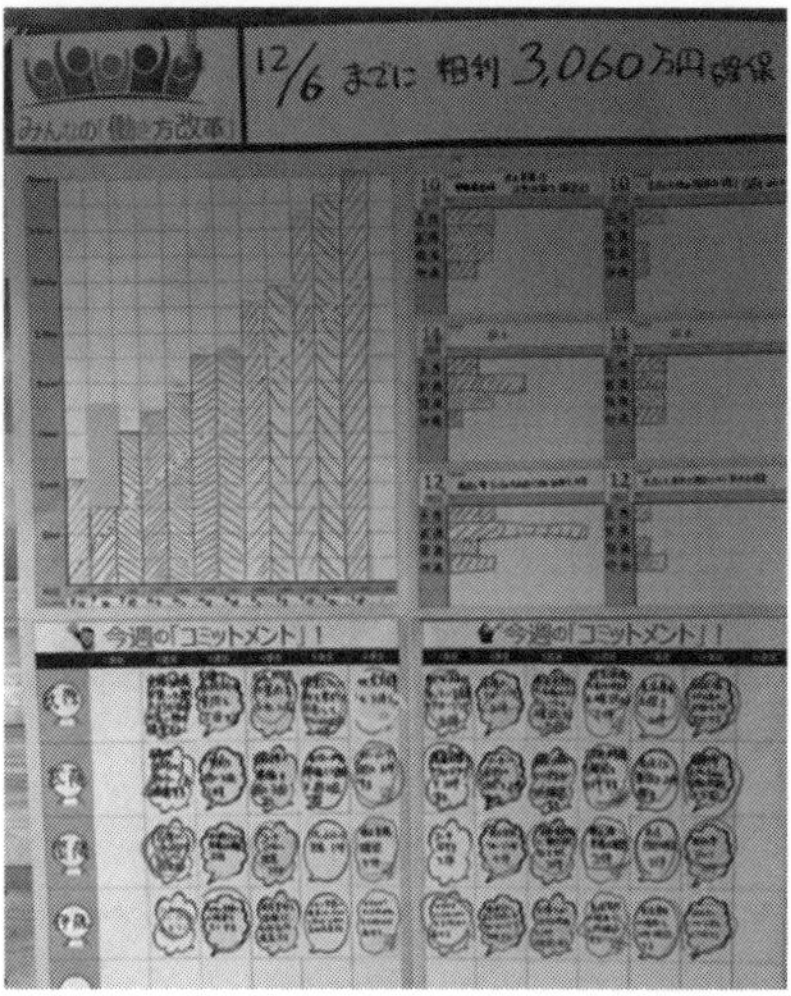

Aさんは見事目標をクリアしたので、次週の会議ではメンバーが拍手で

Aさんの頑張りをたたえ、チームの士気もますます上がりました。

◎「ぐるぐるフセン会議」導入の成果

◆粗利確保目標額：3060万円→達成額：約3980万円（達成率130％）

取り組み当初には「業績アップのための具体的な行動がわからない」「お客さまに提案ができていない」といった悩みがありましたが、ぐるぐると会議を繰り返していくなかで次々と問題は解消され、3カ月後には目標の1・3倍の粗利を獲得できました。

その理由として、KPT（ケプト）を通じてメンバーのなかに粗利意識が定着したこと、粗利総額をアップするためにはどう行動すればよいかという発想が生まれてきやすくなったことが挙げられます。

これまではクロージングといったスケジュール管理は軽視されがちでしたが、粗利総額アップに紐づいた大切な業務であることが理解され、全体効率がアップしました。

さらに、粗利率の高い工法を採用するなど、各メンバーが工夫した成果もKPT（ケプト）や「スコアボード」で見える化されるので、メンバーのモチベーションが上がります。「耐震性能の高い家づくり」のように粗利率が高くお客さまにも喜んでもらえるアイデアが生まれたのも、「ぐるぐるフセン会議」での意見出しがきっかけとのことでした。

さらに「ぐるぐるフセン会議」で「具体的には？」「もっと詳しく教えてください」と深掘りするスキルを身に付けたことで、お客さまの悩みや望みを聞き出せるようになり、新規提案の機会も増やせました。お客さまのニーズをきちんとつかめるようになったため失注が減ったのも大きな成果です。

収益は上がる一方で、残業は順調に減ってきています。以前は「売上」に集中し「粗利総額」を見ていなかったために薄利多売の状況で忙殺されがちでした。ですが粗利の低い案件を断る勇気が生まれたおかげで、今では余裕を持って仕事ができるようになったそうです。

実例2

建築資材メーカー　B社

「ぐるぐるフセン会議」を初体験。
社員に自信が生まれて営業力も大幅アップ

◎会社概要と「ぐるぐるフセン会議」導入前の課題

個人住宅から大規模な建造物まで広く使用されるコンクリート製品のメーカー。本社のほかに営業所と工場があります。仕事内容は多岐にわたり、生コンクリートの配合から顧客の要望に応えてオーダーメイドでコンクリート製品を成型するところまで、一貫して社内で完結できるようになっています。

B社からの主な相談内容は「大手企業との価格競争に巻き込まれやすく困っている」というものでした。建築業界の慣例として、受注に際しては、合い見積もりが前提になることが多いのですが、その際、資金力のある大手企業は値下げで勝負してきます。B社のような中堅企業からすると、大手が提示してきた低価格よりもさらに値引きするという安売り作戦は経営体力の消耗となるため、できるだけ避けたいのです。

なんとかこの状況を打破したいという相談を受け、B社では今回初めて「ぐるぐるフセン会議」を社員教育に取り入れることになりました。

私が見たところ、B社は自社ホームページを工夫していて集客効果が高い、社員みんなでオリジナル商品に力を入れている、といった独自の強みを持っているように思いました。社員1人ひとりは良いアイデアや行動力を持っているようです。しかし一方で、チームとしては今ひとつ力を発揮できていないようでした。そこでB社のメンバーには「ぐるぐるフセン会議」を通じてチームワークの基礎となるリーダーシップを身に付けてもらうことにしました。

◎実際の進行

B社ではまず営業担当者を中心に「ぐるぐるフセン会議」を始めました。営業部は売価を上げるためにお客さまと直接交渉できる部署ですから、業績アップの基本戦略は「売価上げ」にします。

通常の進め方であれば「チーム目標額」を掲げて達成を目指すのですが、B社は今回が初めての「ぐるぐるフセン会議」のため、ひとまず「チーム目標額」は定めずに進めていくことにしました。まずはリーダーシップを発揮することと意見を出し合うことに専念してもらい、こうして成長の下地を作っておくと、会議2回目以降の成長がグンと早まるからです。このように「ぐるぐるフセン会議」は会社の状況に応じて柔軟に進めてください。

◎実際のフセン

現状出し

（KEEP 現在うまくいっているので続けたいこと）

・お客さまが困っていそうなことを聞き出して提案につなげる

・自社製品のスペックを上げて高粗利で販売する

↓

アイデア出し（TRY 新しく始めたいこと）

1. 自社の強みを知る

2. （リーダーシップを発揮する）

↓

今週のチーム行動

1. 自社の強みを1日1個書き出す

2. リーダーシップを発揮する

KPTの現状出し作業（KEEP 現在うまくいっているので続けたいこと／PROBLEM 改善したいこと）では、

《お客さまが困っていそうなことを聞き出して提案につなげる》

《自社製品スペック＆高粗利販売》

という意見が出ました。

それをもとにしてアイデア出し作業（TRY 新しく始めたいこと）ではみんなの意見を深掘りしました。

B社はこれまでも多くのオリジナル製品を生み出しています。オリジナル商品を開発するためには事前にお客さまのニーズをくみ取る作業が欠かせませんが、「ぐるぐるフセン会議」で話し合ううちに、「自分たちはお客さまが困っていそうなことを聞き出して提案につなげる」ことが得意だと気づいたのです。

自分たちの得意分野からオリジナル製品が生まれ、高い粗利を得ていることがわかったので、「まずは自社の強みを発見していこう」ということでTRYの意見がまとまりました。

この意見を、さらに行動しやすく客観評価しやすい文章に整え直して、1つ目のチーム行動目標は《自社の強みを1日1個書き出す》に決定。2つ目のチーム行動目標は「リーダーシップを発揮する」にしてもらいました。

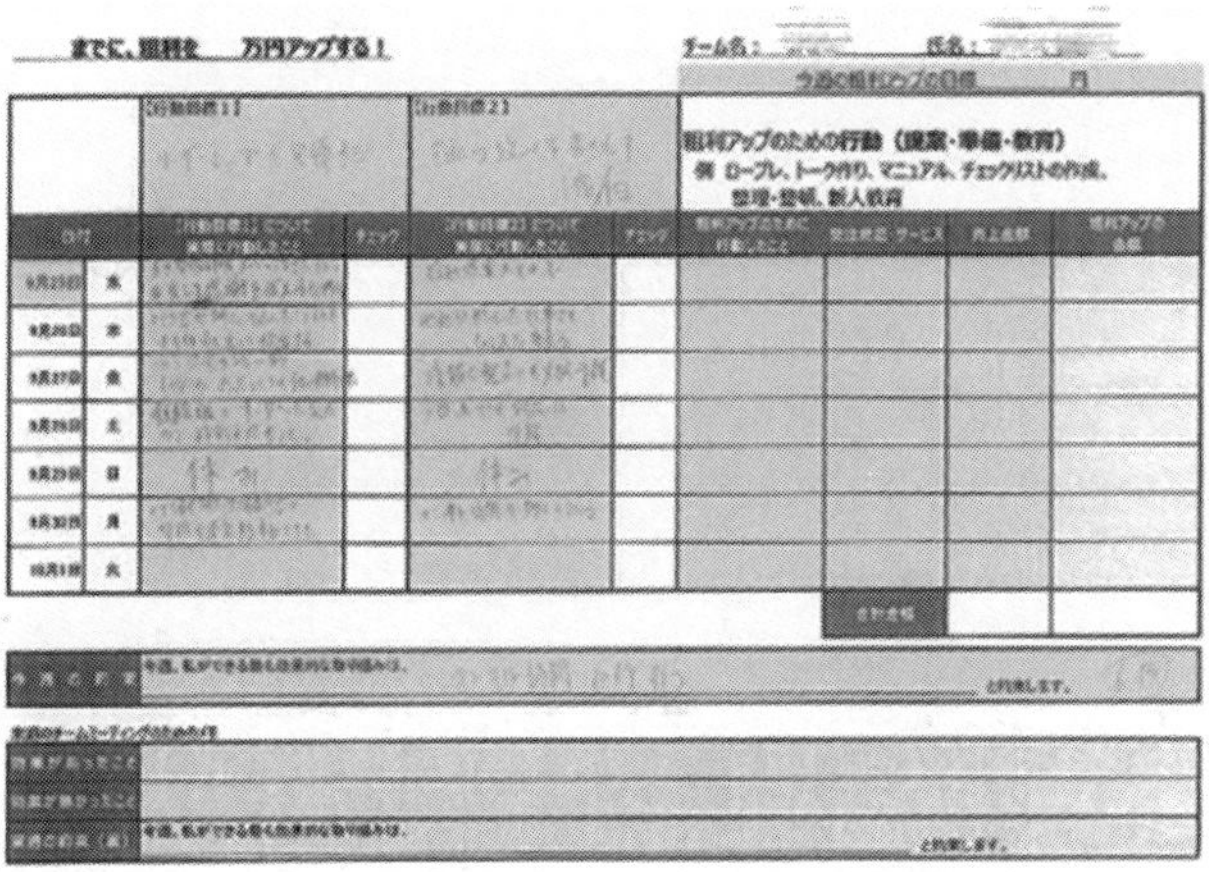

実際のＢさんのスコアシート

それでは、メンバーＢさんの実際の「今週の約束」を見てみましょう。

《自社の強みを1日1個書き出す》については、約束どおり毎日書き出しを行ないました。

1日目：設計と提案のスピードが早い
2日目：他社が断った案件でも引き取ってチャンスに変えられる
3日目：複雑な製品でも対応可能
4日目：小ロットの発注でも対応可能
5日目：（休日）
6日目：顧客訪問の回数が多い

《リーダーシップを発揮する》については次のとおりです。

1日目：大きな案件が完了したので率先してメンバーに感謝を伝えた
2日目：打ち合わせ時に、迷いがあってもまずは声を出して提案した
3日目：現場立ち合い時、即時決断を心掛けた
4日目：全体会議でリーダーとなったのでメンバーの役割分担をした
5日目：（休日）
6日目：打ち合わせ時に、率先して質問をした

Bさんは毎日行動できたので、「スコアボード」もきれいにマーカーで塗りつぶすことができました。翌週の振り返りではみんなで自社の良いところを発表し、次なる自信につながったそうです。

以上がB社初の「ぐるぐるフセン会議」の様子でしたが、その後も《オリジナル製品を値上げする》《成功体験を強みとして書き出す》と「チーム行動目標」はパワーアップ。粗利総額アップに向け、引き続き効果を上げ続けています。

◎「ぐるぐるフセン会議」導入の成果

こちらの会社はすでに安売りの危険性を理解していたため、できるだけ値下げを避けたいというしっかりとした考えのもと経営を進めていました。それだけに、合い見積もりでの値下げ合戦にはストレスがありましたが、値引き以外で対抗する方法が思いつかずに悩んでいました。

しかし今回「ぐるぐるフセン会議」を行なったことで、参加メンバーは自分の会社の強みを発見できました。オリジナル製品の強みを理解できたために過度な値下げをしなくなったのです。その結果、合い見積もりの案件においても、自信を持って適正価格で提案できるようになりました。また粗利意識が向上したため、取引先からムリな値下げ依頼があってもきっぱり断れるようになったそうです。この結果、業績は自然と上がっていきました。

B社は今回が「ぐるぐるフセン会議」の初挑戦だったため、会議を通じてまず「具体的には?」「もっと詳しく」と質問したり、相手がスムーズに発言できるように促したりする会話のトレーニングを積んでもらいました。

その結果、講師を務めた私自身も驚くぐらいにメンバーは大きく成長し、お客さまに向き合って悩みと望みを聴くことができる強力なコンサル営業集団に変わりました。「感謝して褒める」を実践したところ、社内の人間関係も良くなったそうです。


当初は営業部からスタートした「ぐるぐるフセン会議」が、今では全社で導入されています。さらにB社では「ぐるぐるフセン会議」の「ありがとう、素晴らしい」というポジティブトークの発想を発展させ、独自に「ありがとうカード」制度を設けました。

カードを書いた人も、もらった人も、ちょっとしたお金がもらえるようにしたことで、気軽に感謝を伝え合う社風が育ち、社内の雰囲気もさらに良くなっているそうです。

実例3

税理士事務所　C社

みんなのアイデアで「売価上げ」に成功。
新人も1人で新規契約を達成！

◎会社概要と「ぐるぐるフセン会議」導入前の課題

所長から事務員まで総勢5名のアットホームな税理士事務所で、こちらでは所長以下全員で「ぐるぐるフセン会議」を行なっています。所長自ら会議に参加することで、事務所が一致団結して粗利総額アップに取り組むという雰囲気が自然に生まれています。

C社は「ぐるぐるフセン会議」歴2年というベテランです。「ぐるぐるフセン会議」は日常業務のルーティンに組み込まれて、毎週着々と成果を出し続けており、今では職員が自ら積極的に課題を発見し、次々に改善を進めるという理想的なサイクルが定着しています。

直近に挙げられた課題は、次のようなものでした。
・業務報酬の適正額を把握したい
・無料サービスを減らして収益を上げたい
さらに、
・「ぐるぐるフセン会議」を続けて顧客数が増えたのは良いが、残業も増えてしまったのでなんとかしたい
というものもありました。

◎実際の進行
税理士事務所は顧客とやりとりをして報酬を決められるため、基本戦略は「売価上げ」を採ります。
次にチーム目標額の設定ですが、C社は「ぐるぐるフセン会議」の経験値が高いために今では職員全員が必要な粗利を算出できるようになっています。そのた

め、毎回のチーム目標額も所長の了解を得たうえで職員が自分たちで決めています。

「みんな今期は手取り○円アップを希望しているから、粗利は○円必要だね」という感じです。1人ひとりが経営者感覚を備え、業績に責任感を持つという理想的なパターンが生まれています。

今回もメンバー同士で話し合い、チーム目標額は「3カ月で粗利300万円アップ！」としました。たった3ヶ月で1人60万円増収の目標です。自分たちで決めた数字なので、責任感とやる気もますますアップします。

◎実際のフセン

これが実際に会議で書かれたフセンの内容です。

現状出し
（KEEP　現在うまくいっているので続けたいこと）
1．顧客のところにこまめに顔を出す／既存の顧客から新規取引先を紹介して

いただく／見込み客を逃さない
2．顧客と良い関係を構築したあとで売価を上げる
（PROBLEM 改善したいこと）
・無料サービスが粗利総額を下げている
↓
アイデア出し（TRY 新しく始めたいこと）
1．顧客先への訪問日を決めておく
2．段階を追って無料サービスをやめる
↓
今週のチーム行動
1．顧客先へ訪問
2．先月の報酬額を確認する

KPT（ケプト）の現状出し作業として、（KEEP 現在うまくいっているので続けたいこと）に、

《顧客のところにこまめに顔を出す／既存の顧客から新規取引先を紹介していただく／見込み客を逃さない》

という意見が出ました。これらはいずれも顧客との関係性を強化するメリットを示しています。こまめに足を運んで関係を深めると、見込み客の成約率も高まり、別のお客さまを紹介していただく機会が増えます。

「顧客先を訪問する」というプラスの行動を習慣化するために、アイデア出し作業（TRY 新しく始めたいこと）では《顧客先への訪問日を決めておく》と工夫を加えました。

また（KEEP 現在うまくいっているので続けたいこと）では《顧客と良い関係を構築したあとで売価を上げる》が、（PROBLEM 改善したいこと）では《無料サービスが粗利総額を下げている》という意見が出ました。この2つをまとめると「粗利総額アップのために売価を上げ、無料サービスをやめる」となります。特に（KEEP 現在うまくいっているので続けたいこと）のフセンは、「事前に良い関係を築いておけば、売価アップの要望も通りやすい」という理解も含まれているのが素晴らしいところです。

実際のC社のKPT（ケプト）の様子。意見が活発に交換されている

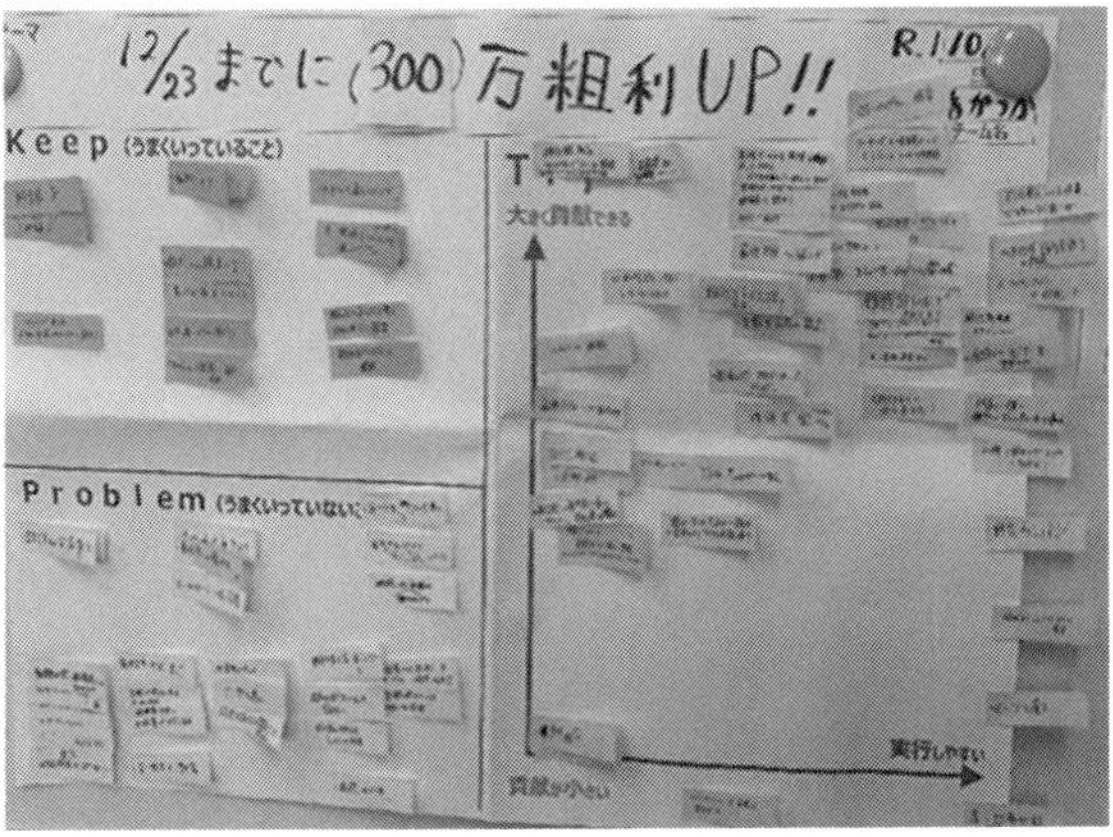

アイデア出し作業（TRY 新しく始めたいこと）では、売価上げの第一歩として《段階を追って無料サービスをやめる》とまとめました。

TRY 新しく始めたいことでは、このように

《1．顧客先への訪問日を決めておく》

《2．段階を追って無料サービスをやめる》

の2枚のフセンが選ばれました。

無料サービスを中止するためには、現状を確認しておく必要がありますので、「今週のチーム行動」では、

《1．顧客先へ訪問》

《2．先月の報酬額を確認する》

とまとめました。

メンバーCさんは「今週の約束」として、《顧客先へ訪問》を2件実行しました。《先月の報酬額を確認する》について、Cさんは「今週の約束」を《現状把握と、値上げ候補先のリストアップ》と決め、過去の報酬額を確認したり、適正価格を試算したりするといった行動を実践しました。

◎「ぐるぐるフセン会議」導入の成果

◆粗利アップ目標額：300万円↓達成額：652万円（達成率217％）

適正な報酬額を把握できていなかった頃は、赤字案件や無料サービスが業績を圧迫していました。しかし「ぐるぐるフセン会議」を通じて粗利意識を持つようになったため、顧問先をリストアップして料金改定を提案したり、無料サービスを有料化したりするといった売価上げの施策をとることができました。

売価上げを申し入れる際も、顧客先への訪問日を決めるなどしてこまめに足を運び、「ぐるぐるフセン会議」でトーク力を整えておいたためにスムーズに提案が受け入れられました。

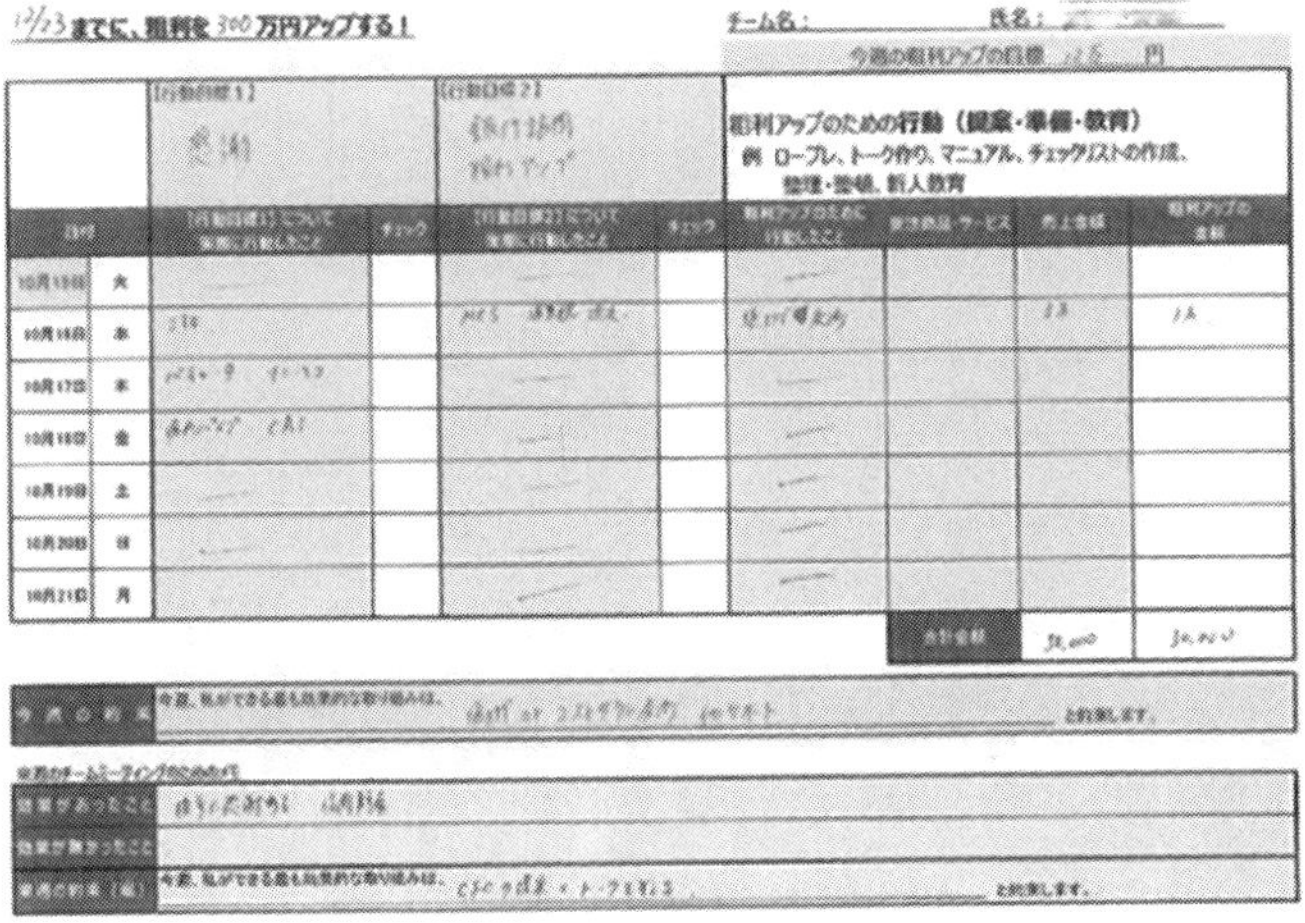

実際のCさんのスコアシート

こういった「売価上げ」に加えて「原価下げ」の意識が芽生え、これまで以上に効率がアップしました。

たとえば、

・業務マニュアルを作って仕事の流れを見直した。これにより、それまで4時間掛かっていた作業時間を3時間に減らすことができた

・KPT（ケプト）で用いるトークスキルを発展させ、お客さまにお願い事をするためのロールプレイング練習を行なった。これによってお客さまに、事前に資料を整理しておく、書類の提出期限を守るといった行動をお願いでき、残業を減らせた

といった成果を出すことができました。

C社は5名中2名が入社3年未満の新人ですが「ぐるぐるフセン会議」のなかで自然とセールストークが身に付いたため、新人ながらも単独でヒアリング、提案、契約締結までスムーズに行なうことができたそうです。

事務担当者が「ぐるぐるフセン会議」に参加しているのも大きなポイントです。事務担当者は電話対応などを通じ顧客と接する機会が多いので、実はこのポジションの社員がスキルアップすると営業成果に直結します。

士業やコンサルタントのように材料の要らない業種は、アイデア次第でサービスや商材を増やしやすいのが強みです。オプション制など付加価値を付けての「売価上げ」に向いていますので、ぜひ工夫してトライしてみてください。

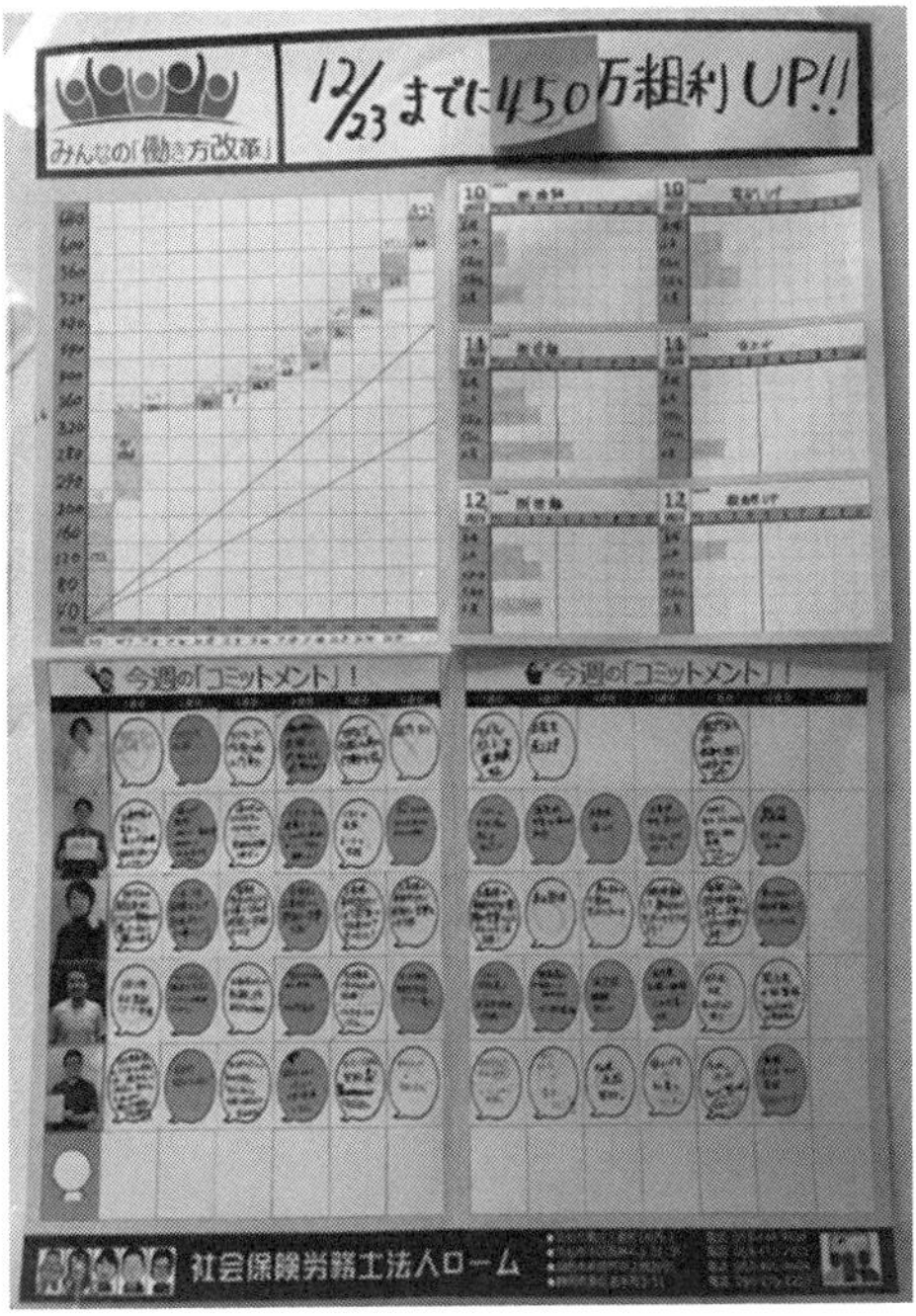

実際のC社のスコアボード。途中から急激にグラフが伸びているのは、「ぐるぐるフセン会議」の効果が予想以上に出たので、急きょ目標額を４５０万円に上方修正したため

実例4

機械部品メーカー　D社

赤字の工場が、3カ月で単品粗利500%アップ達成！
大成功の秘訣は、儲けの仕組みの理解から

◎会社概要と「ぐるぐるフセン会議」導入前の課題

ここまで「売価上げ」の例を3社ご紹介しましたが、最後に「原価下げ」の例としてD社のケースをご紹介します。

D社は金属プレスで機械部品を作るメーカーです。中堅手企業のグループ会社のポジションにあり、社長を含めて6名のこぢんまりした会社です。D社の最大の問題は、原価管理の理解が不充分である点です。そのため収支の把握ができず、慢性的な赤字に悩まされていました。

実はこのような悩みは、D社のような大手の下請け企業や昔ながらの町工場などではよく見かける状況です。特に営業活動をせずとも受注が続くので、今ひとつ危機感を持ちにくいのですが、商品ごとの収支を見ていないので、どの商品が黒字でどの商品が赤字かの把握ができません。結果としてギリギリの自転車操業になってしまうケースが本当に多いのですが、あまりにどんぶり勘定すぎてどこに赤字の原因があるかもわからず改善のしようがないのです。

D社も同じ状況に陥っていましたので「ぐるぐるフセン会議」に入る前の下準備として、まずは製造業の原価管理の基礎から学んでいくことにしました。

また、D社はある1つの製品を作る場合でも、外部の別会社と仕事を分担して進めています。しかしこれも担当者間のコミュニケーションが不足していたために業務効率が上がらないという課題がありました。

そこで私は、今回は別会社の社員の方も一緒に「ぐるぐるフセン会議」に取り組むことをおすすめしました。コミュニケーション力に基づく課題についても「ぐるぐるフセン会議」で改善していくことができると考えたためです。

◎実際の進行

今回の「ぐるぐるフセン会議」を行なったのは工場の現場作業員の方々です。工場現場では、お客さまに直接交渉をして売価を上げることができませんから、粗利総額アップの基本作戦としては「原価下げ」となります。

これまでD社では目標値を立てる習慣がなかったため、「チーム目標額」は手探りでの設定となりましたが、ひとまず「3カ月で粗利12万円アップ!」と決めました。

◎実際のフセン

これが実際のフセンの内容です。参加メンバーのYさんとIさんは、別会社に所属しているので、現状出しも各自で行なうことにしました。

現状出し(PROBLEM 現在うまくいっているので続けたいこと)

・Yさん　適正な生産数を把握していないので生産計画が立てられない/在庫

管理ができていないので過剰発注をしてしまう

・Ｉさん　現場の整理整頓ができていない

←

アイデア出し（ＴＲＹ 新しく始めたいこと）

1．Ｙさん　商品ごとに、日々の生産計画を見える化する

　Ｉさん　そうじの計画を立てて実行する

2．（リーダーシップを発揮する）

←

今週のチーム行動

1．各自の目標を達成する

2．（リーダーシップを発揮する）

Ｙさんは主に生産管理を担当しています。現状出し作業では、発注や在庫管理に関する問題点を数多く見つけることができました。

Iさんは無数のパーツや取引先から預かっている金型などの管理を担当しています。現状出し作業を通じ、現場の整理が行き届いていないことで、業務効率が落ちていることを再認識できました。

この結果を受けて、アイデア出し作業（TRY 新しく始めたいこと）ではそれぞれ、

Yさん 《商品ごとに、日々の生産計画を見える化する》

Iさん 《そうじの計画を立てて実行する》

として、1つ目の「今週のチーム行動」は「各自の目標を達成する」とまとめました。

2つ目の「今週のチーム行動」は、私から提案して《リーダーシップを発揮する》にしてもらいました。D社は「ぐるぐるフセン会議」を始めて日が浅いので、まずは1人ひとりに主体性を身に付けてもらうことを目的としたものです。

◎実際の「今週の約束」

Yさんは「今週の約束」を《在庫票を更新して棚卸数量を入力する》と決めました。適正な生産数の基準値を把握するため、これまで作ってきた製品の数をまずはコツコツ集計するところから取り組みを開始しました。

Iさんは「今週の約束」を《毎日の清掃で作業の効率を向上させる》とし、業務効率アップという明確な目的意識を持って清掃や整理整頓を実行しました。

これらの行動結果は毎日「スコアボード」にマーカーで塗られ、目に見えて成果が積み上がっていきました。

◎「ぐるぐるフセン会議」導入の成果

◆粗利アップ目標額：12万円→達成額：60万円（達成率500％）

以前は原価管理や粗利の知識が不足していたために、大量の受注をこなしても赤字続きの状況でした。ですが今回「ぐるぐるフセン会議」を体験したことで、自分たち自身で問題点を発見し、黒字化に向けて効果的な行動をとることができました。

Yさんは、日々の生産・加工数をカウントして現状を「見える化」したことで、前日・前月と比べられるようになり、収支改善への道のりが見えてきました。

Iさんは計画的に清掃を行ない、作業スペースや通路が広くなったため、金型や製品の移動にかかるタイムロスが減少して業務効率を上げることができました。

また、これまでは社員同士の連携が不足しており、互いの生産性を考えることはありませんでした。ですが「ぐるぐるフセン会議」を通じて「リーダーシップ」の発想が生まれたことで、チームワークをもって業務を進められるようになりました。みんなで協力して業務指示書を改良し、残業も減らすことができました。

これらの成果は「スコアボード」に記録していくので、日々の頑張りが目で見てわかります。自分たちのアイデアが業務改善につながっていくと、ますます仕事が楽しくなり、粗利総額も上がるという良いサイクルが生まれます。D社では3カ月でメンバーのモチベーションが大きくアップし、チーム目標額も予定額の5倍達成という劇的な結果につながりました。

「ぐるぐるフセン会議」を繰り返して行なうことで、メンバーは利益を生み出す仕組みをしっかり理解でき、会社は黒字体質に生まれ変わりました。これもメンバーの皆さんがコツコツと継続してきた当然の結果なのです。

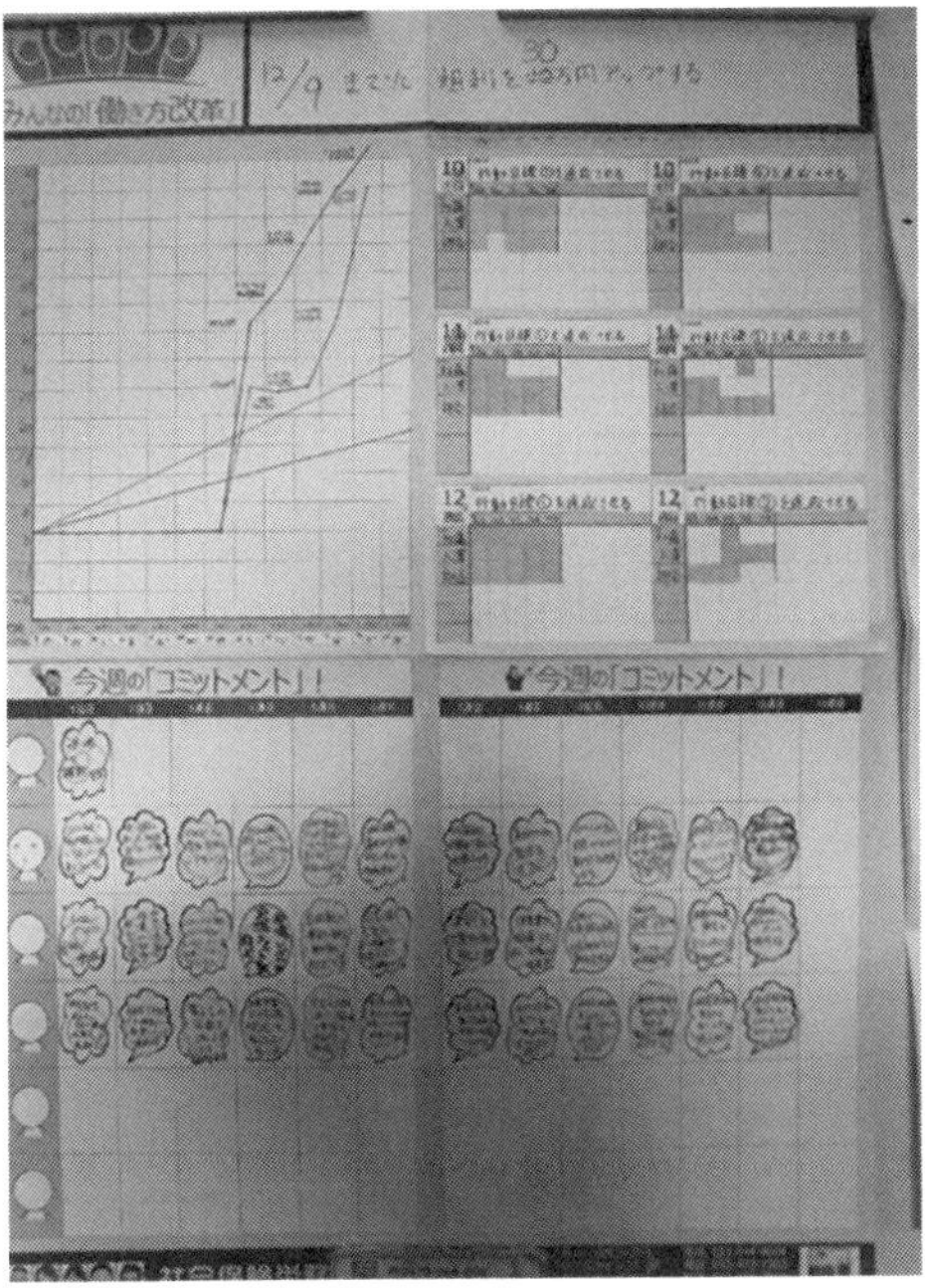

実際のD社のスコアボード。各自のやるべきことがはっきりと分かったことにより、いくつ何を作るべきで、実際に何を作ったかなども明確になり、利益アップにつながった

おわりに

本書を最後までお読みいただきありがとうございました。

私自身が、儲かる会社とはどんな会社なのか？という疑問から試行錯誤を繰り返してたどり着いたのが、この「ぐるぐるフセン会議」の方法です。


今いる社員で、最大限の儲けを出したい、とはどんな経営者も思うことです。特に経営の苦しい中小企業の社長さんなら尚更のことでしょう。


ではどうしたらいいでしょうか？

それにはとにかく、自社の利益の「粗利アップ」のために売価を上げるしかないという結論に私は至りました。

しかしそれをあからさまに社員に伝えて、実行してもらうとしても、抵抗されることも多いものです。

だとしたら、もっとゲーム感覚で社員が取り組める手法はないだろうか?と、私が完成させたのが、この「ぐるぐるフセン会議」です。

この会議を始めれば、どんな会社でも、どんな社員でも、粗利を上げることに取り組めるようになります。


それはつまり、この会議によってお客様の悩みやのぞみを解決すると、お客様に褒められたり認められます。すると社員のやる気がアップしてさらに結果を出そうとするため、結果として商品を高く買っていただくことができたり、他のお客様を紹介してもらえることになり、粗利アップにつながるのです。


粗利がアップすれば、社員の待遇を改善することができます。すると優秀な社員が集まってくる、とまさにいいことづくめのスパイラルが起こっていきます。

弊社サイトではこの「ぐるぐるフセン会議」を始めるのに必要なツールを含め、お得な特典がダウンロードできるようになっています。

ぜひ、今すぐこの「ぐるぐるフセン会議」を始めてみてください。そしてわからないことがあればお気軽にお問い合わせください。ぜひ読者のみなさまとリアルで対面できる日を楽しみにしております。

2020年　8月

牧野　剛

牧野 剛（まきの つよし）

1961年、静岡県生まれ。静岡大学卒。1989年に社会保険労務士の資格を取得。2007年に社会保険労務士法人ロームを設立。同社は静岡でナンバー１の社労士事務所であり、全国でも20番目の規模。モットーは「地域に密着した中小企業支援で日本を元気にしたい」。社会保険労務士としての業務以外に、企業の研修講師なども行っており、これまでに1000社以上の人材教育に関わる。特に人材育成に悩んでいる中小企業の経営者が多いことから、「できました」教育のメソッドを開発。多くの経営者の悩みを解決してきた。現在601社の顧問先の労務管理に従事。顧問先のリフォーム会社の役員になり、1年で赤字から黒字にＶ字回復させた実績も持つ。「経営」がわかる労務士。

15分《ふん》で儲《もう》かる会社《かいしゃ》に変《か》わる！

2020年8月28日　初版発行

著者　牧野　剛
発行者　常塚嘉明
発行所　株式会社　ぱる出版

〒160-0011　東京都新宿区若葉1-9-16
03(3353)2835ー代表　03(3353)2826ーFAX
03(3353)3679ー編集
振替　東京　00100-3-131586
印刷・製本　中央精版印刷(株)

ISBN978-4-8272-1247-1 C0034